娱乐化营销

**移动互联网时代的
营销新法则**

来 罡◎著

ENTERTAINMENT
MARKETING

ZHEJIANG UNIVERSITY PRESS
浙江大学出版社

自序:娱乐重构商业规则

　　一直以来,绝大多数的商业活动都在经济学原则的规范内运行,商家们降低成本,不遗余力地提高市场占有率,在资本市场为提高市值、提升股票价格而步步为营。但在互联网时代,用户至上,体验为王,承载提供快乐等情感因素的用户体验,开始对商业进行全方位"清洗"。

　　商业文化已然发生改变,以营销为中心的商务策略必然随之而变。

　　相信应该有很多人看过中央电视台的纪录片《动物世界》。这档伴随一代人成长的节目,让我们了解和认识了地球上生存的各种生命,既丰富多元,又"相爱相杀"。

　　花豹捕猎瞪羚,鳄鱼猎杀狮子,狮子杀戮小鹿……弱肉强食、任意杀戮和"趁火打劫"等"恶劣"行为,在动物界司空见惯。笔者常常在想,如果一个人对动物的这些杀戮行为感到痛心疾首,会不会过于悲天悯人?

　　事实证明,笔者不是唯一这样想的人,因为虔诚的神学家不止一次地发问:动物界的道德准则究竟是什么? 动物毕竟不是人,更何况,物竞天择、适者生存,一直都是动物界的生存规则。

　　规则,到底能不能被改变? 之于动物界,千百年来,好像从未发生改变。之于人类,尤其是商业世界,好像并非如此,而且,恰恰相反。

　　尤其进入互联网时代,颠覆发生得太快、太迅速。诺基亚逆袭摩托罗拉,苹果秒杀诺基亚，百度地图抢了车载导航的"饭碗"，微信动了中国移动、电信与联通的"奶酪"……颠覆时代不单是丛林法则的弱肉强食，更是经济发展的结果。

商业世界的颠覆，源于技术的创新，来自于商业模式的变革，更与我们所处的时代息息相关。

我们所处的是什么时代？从之前的饥饿经济时代发展到了物质极大充裕的"过剩"时代。同时，互联网和移动互联网打破了信息不对称的局面。

现在是买方的绝对主场，消费者占据绝对话语权！

消费者要的是什么？70多年前，美国心理学家亚伯拉罕·马斯洛在《人类激励理论》一书中已经给出答案，在生理需求之后，还有安全需求、社交需求、尊重需求和自我实现需求。

进入移动互联网时代，社会物质极大充裕，人们的需求也变得更加五花八门。马斯洛的五层次需求，已经过于单薄。在笔者看来，现代社会，人们被七种需求所支配，即性、孤独和认同感、安全感、美学、优越感、欢乐喜悦和爱。

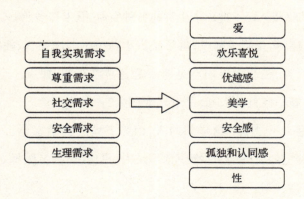

从马斯洛需求层次理论到现代人的七大需求

具体到产品，消费者的关注点，从产品的功能日益转向产品带来的体验和价值，从大众化商品转向追求多样化、定制化、个性化。消费，不仅是简单的商品买卖,消费不仅是过程,更是目的和结果。

消费者动向决定企业走向。从制造为王、渠道为王到消费者为王,企业的商业模式必须顺应时代的变化。

对企业来说,需要扪心自问:到底在生产产品,还是生产生活方式? 是在销售物质提供服务,还是在销售氛围提供情感体验?

全民娱乐的时代,一切关乎体验,感情推动商机。营销的本质也随之发生变化,商家不再是将冷冰冰的产品硬邦邦地"卖"给消费者,而是用娱乐化手段为产品注入情感因素,为消费者营造欢愉的氛围,让其在感受快乐的同时,主动购买产品。

难怪有人表示,19 世纪的营销是想出来的,20 世纪的营销是做出来的,21 世纪的营销是"玩"出来的!

这是一个娱乐营销的时代,移动互联网的普及为一切行业注入了娱乐元素。一切行业都是娱乐业,无娱乐不营销,"互联网＋品牌＋娱乐"正碰撞出各种的可能性。

可能性既意味着成功的可能,也意味着失败的风险。娱乐营销拓展着企业和品牌推广空间,其效果却也备受缺门路、难选择和有风险三大"痛点"制约。能否有一个娱乐资源交易平台,来整合市场稀缺资源,通过大数据分析为企业提供定制化娱乐营销服务?

浸淫新媒体行业已久,笔者正在和"小伙伴"身体力行地推动营销转型,致力于做大娱乐营销这个"盘子"。

《动物世界》里的一句话至今让笔者热血沸腾:"终将有一天,所有的动物们都冲破关束它们的樊笼,奔向自然的时候,这一天将是野生动物们的盛大节目。"

现在,笔者也为自己从事的娱乐营销事业而热血沸腾。相信,在我们所搭建的娱乐资源交易平台上,各类企业也可以冲破资源匮乏和思维局限的樊笼,全身心投入娱乐营销的大时代,享受娱乐营销,在把快乐传递给消费者的同时收获商业上的成功!

目录
CONTENTS

第一章

娱乐，点中人性的死穴

劳动源自娱乐

罗马尼亚宗教学家米尔恰·伊利亚特在《神圣与世俗》中写道："神圣与世俗是这个世界上的两种存在模式，是在历史进程中被人类所接受的两种存在状况。"

在传统观念中，劳动神圣无比，娱乐却常常被贬斥，沦为"二等公民"，所谓"玩物丧志"。就连苏联文学家高尔基都高呼："只有人的劳动才是神圣的。"诚然，劳动让人学会直立行走，促进语言产生和发展，使猿脑变人脑。而被视为世俗的"玩"的娱乐，也一直贯穿于人类历史发展进程中。

从掷骰子说起

早在距今约 3000 年前，美丽的爱琴海边曾活跃着一群精通商贸的吕底亚人。他们聪明、勤劳，还因发现大量沙金而族群繁盛。然而老天爷对吕底亚人并没有多少眷顾，相反，一场前所未有的饥荒让他们身心备受煎熬。

历史上，吕底亚人经历的这场饥荒持续了 15 年之久。饥肠辘辘的吕底亚人，饿得实在不能忍时怎么办？他们想出了性价比很高的好办法，那就是娱乐。我们今天常见的掷骰子，就是其中之一。它被认为是目前人类历史上有据可考的最早的娱乐项目。

那时，吕底亚人会专门花一天时间不吃饭只娱乐，再花一天时间只吃点东西但什么都不做，以此养精蓄锐。完全不进食的那天，人们玩着掷骰子，你赢了，我输了，忙着娱乐，有时也便把肚子饿这件事暂时忘记了。

娱乐就是有这样的力量，可以让你聚精会神在某件令自己感到快乐的事情上。

女娲造人纯属娱乐

事实上,关于人类的起源问题,在我国古代神话传说中也能找到些娱乐的线索。

"俗说开天辟地,未有人民,女娲抟黄土做人。剧务,力不暇供,乃引绳于泥中,举以为人。"这是我国东汉泰山太守应劭所著的《风俗通义》中,关于"女娲造人"的记载。

相传盘古开天辟地之后,女神女娲游走于世间。这广阔的世界美啊! 可就是美得很寂寞。山川湖海再壮阔,它不会说话;丛林草木再繁盛,它不会给你唱歌跳舞;奇珍异兽、花鸟虫鱼再多,它不会为你排解烦恼。

寂寞无聊的女娲,只因一次坐在水边的自娱自乐,瞬间改变了整个世界。她在水中看到了自己的影子,心想何不捏个相似的自己来一起玩儿呢? 于是女娲用黄土捏成了人类。当然,人越多越热闹,越多越好玩。女娲造人累了,便干脆拿绳子蘸上泥浆在地上甩,一甩就是一群人。

虽然"女娲造人"只是神话传说,但女娲因寂寞造人的诉求,却充分显示了人类娱乐的本能。古罗马诗人玉外纳说:"世界上有两样东西是人们极尽所能想要得到的,那就是面包和娱乐。"娱乐可以让一个人的生活变得活色生香。

人类无乐不作

马克思告诉我们,劳动创造了人类。不过我们绝对有理由相信,在世界上最早的人类南方古猿拿起工具进行劳动前,他们已经无数次在非洲草原上追逐玩耍过。当我国最早的人类元谋人学会使用工具进行劳动时,他们可能也试图捡起某个石块扔向水面,或是比赛谁扔得远,或是看水波泛起层层涟漪心情大好。

北京人的孩子们则很可能早就学会了拿着树枝打打闹闹，开心得大喊大叫。

　　能不能把原始人早期简单的游戏视为人类娱乐的最初表现形式？德国文学家席勒的"游戏说"已经给出了肯定的答案。在席勒看来，原始人于现实生活中，被物质和精神束缚着，吃饭、睡觉、游戏是人类的三大基本需求。这里所谓的游戏就是人们通过消耗自己的精力，实现身心的自由。这与娱乐在本质上是一回事。

　　人类早期的娱乐是无处不在的。比如一个人觉得孤单时，会敲击某个工具，打出有趣的节奏。当人们喜获丰收时，为了表达愉快的情绪，分享劳动果实，会呼喊某个音调，进而转变成载歌载舞。善于绘画的原始人，在岩洞上画出太阳、星星、月亮，以及他们崇拜的所有动物，那是力与美的象征。

　　西班牙北部阿尔塔米拉岩洞发现的世界上最早的史前壁画遗迹就是如此，岩洞内有野牛、野马、野猪、猛犸象、山羊、赤鹿等20多种栩栩如生的动物形象。其中《受伤的野牛》尽管色彩单一，却将野牛受伤奋力挣扎的形象描绘得极具视觉冲击力，放在今天的画廊展出也丝毫不逊色。

　　也有人类学家指出，原始人早期的劳动很可能就是从娱乐中发展而来的。说得直白一点就是，人类在无意间玩出了劳动。

越富越能玩

　　原始社会物质资源匮乏，其娱乐的内容和形式也是单一的，原始人能玩的东西并不多。尽管他们已经努力玩出了很多花样，可比起封建社会时期，尤其是人类文明发展至空前繁荣阶段，原始人的那些简单的娱乐便确实有些小儿科了。

　　我国的盛唐时期就是典型代表，唐朝人都是娱乐高手。从皇帝到大臣，从宫内到宫外，从文人到乐师，从达官显贵到平民百姓，举国上下，几乎每个有娱乐精神的人都参与到其中，也乐在其中。这一时期的娱乐形式更是种类繁多，令人眼花缭乱：首先是文学。唐朝的文学成就备受瞩目，特别是唐诗。即便是今天，不少两三岁刚学会说话的孩子也能背出唐诗《悯农》。

尽管唐朝不像今天有影视剧、话剧、音乐剧可以观看，可那时热爱娱乐的人和娱乐从业者们也一直没闲着。唐朝有自己的演艺娱乐行业——梨园。《新唐书·礼乐志》中记载，由于唐玄宗酷爱音律，他在唐朝都城长安设立了教坊和梨园，专门派官吏进行管理。唐玄宗亲自从中精挑细选三百人作为梨园弟子，请专人对他们进行培训，把坐部伎这种音乐演奏形式教给梨园弟子。

唐朝娱乐业的兴盛还表现为多元化的发展态势，除了当时流行的蹴鞠、马球等，还有步打球、抛球、踏球和彩球戏。唐朝时期的不少男子都是精通球类运动的高手，球艺高超的还能踢出很多花样。

而在18世纪的地球另一面，英国经济开始腾飞，成为世界头号强国并率先闯入现代文明的大门，随之而来的是，英国国内也掀起了娱乐大潮。

当时英国的娱乐种类已经名目繁多，咖啡馆、高档餐馆、小酒馆、饭店、剧院、音乐厅、舞厅、澡堂等在大小城市不断涌现，与此同时，娱乐人数也呈爆炸式增加。观看戏剧和音乐会的观众数量增长迅猛，剧院的经理发现低收入的工人也观看他们的戏剧，于是他们在定期演出之后，以便宜的价格推出"加时"演出。不仅城镇市民观看喜剧和音乐会，连英国农村也频繁出现巡回演出团体。

为做大娱乐产业，休闲娱乐场所开始以在报纸上刊登广告的方式来促销。18世纪20年代，英国报纸已经刊登赛马广告，板球广告也随之而来，剧院和音乐会也开始刊登广告。到18世纪中叶，广告已经五花八门，除了猎狐和赛艇，几乎没有一项休闲娱乐活动不做广告。①

----

① 李新宽.17世纪末至18世纪中叶英国消费社会的出现.世界历史,2011(5).

泛娱乐行业版图

随着娱乐行业的不断发展，在演艺界、剧作界涌现出许多取得杰出成就的人，人们将其称为"明星"。"明星"一词最早出现在我国古代神话传说《太平广记》中，明星是一位"居华山，服玉浆，白日升天"的仙女的名字。古书上也将其称为金星。

不过，娱乐发展到今天，明星成为有名的演员或运动员的代称，更重要的是，明星需要在娱乐业创造出经济价值，带动整个娱乐经济的发展。不只是明星，包括各种娱乐项目、休闲娱乐活动等，都要与经济挂钩。因此今天的娱乐，已经不仅仅是在文化艺术方面为人们提供精神上的满足，还要在经济方面创收，促进整个社会的经济发展。

将娱乐引向经济领域主要始于近代工业革命。18世纪以来，工业革命令整个社会的生产方式、生活方式发生了极大的转变。包括好莱坞在内的娱乐产业异军突起，卓别林、大卫·格里菲斯等影视娱乐界的重要人物向人们展现出电影的魅力，具有敏锐洞察力的华尔街财团意识到娱乐经济能够获益颇丰，于是注资好莱坞，娱乐经济由此自美国迅速发展至全球。

至于我国，封建社会时期的娱乐主要以政治需求为基础，注资丰厚的娱乐项目多是王公贵族的专属，基本上很少与经济挂钩。虽然在民间也有很多艺人和休闲项目，但多数未形成体系，受统治阶层"重农抑商"思想的限制，那时的娱乐更不可能获得可观的经济收益。直至晚清时期，西方思潮涌入，受欧洲工业革命影响，留声机、放映机、收音机等设备传入中国，中华大地上开始出现歌舞厅、影院等娱乐场所。到民国时期，尤其是在我国上海等大城市，娱乐经济已经呈现出突飞猛进的势头。胡蝶、阮玲玉等电影明星在这一时期红极一时，张爱玲等知名作家的多部小说被改编成电影，为整个娱乐业创造了可观的经济价值。

不过，我国的娱乐业真正得以迅速发展，是在改革开放以后。

2005 年湖南卫视推出了著名选秀节目《超级女声》，在这场全民参与的娱乐活动中，英文 Fans 的音译"粉丝"一词成了广大追星族的全新代名词，这些追星族以 20 岁、30 岁左右的年轻人居多。应该说，庞大的粉丝数量是我国娱乐业发展的稳固后盾。

网络媒体的兴起，令娱乐发展史出现颠覆性的转变，网络游戏、网络直播、网络文学等网络娱乐项目深受人们欢迎。《2016 年中国粉丝追星及生活方式白皮书》中指出，包括游戏/电竞、直播、网络文学、影视/综艺、二次元、音乐、网红视频在内的七大领域，构成了泛娱乐行业版图。中国的娱乐业变得更加多元化，更加国际化，其中娱乐明星粉丝形成了具有典型特征的社群。

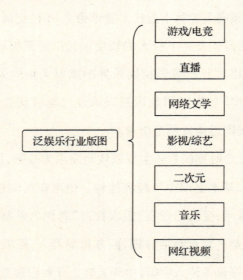

（根据《2016 年中国粉丝追星及生活方式白皮书》绘制）

不少敏锐的明星运营商,在娱乐领域创造力十足,华丽丽地创造出许多全新的娱乐营销模式。以 2016 年 3 月 21 日正式启动的"鹿晗生日季"为例,仅仅至次月 22 日短短一个月的时间,就创造了近 14 亿的话题阅读量,粉丝总量达1403554 人,同时带动与明星鹿晗有关的话题超过 500 亿,[①]诸如肯德基、佳洁士、联想小新笔记本、ME 直播、曼联足球俱乐部等商业品牌也加入其中为鹿晗庆祝生日。

娱乐是生活的一部分

中国已经成为全球第二大消费国,而且,消费已经成为拉动我国经济增长的第一大动力。2015 年社会消费品零售总额超过 30 万亿元,对国民经济贡献率超过66%。换种更形象的表述就是,平均每秒钟,我国民众刷卡消费 115 万元,电影票房突破 400 亿元,旅游花费超过 4 万亿元……[②]

这些钱都花在哪里? 除了住,吃,就是玩! 大家越来越喜欢花钱"买服务""买乐子"。

法国作家杜伽尔说:"生活是一种绵延不绝的渴望,渴望不断上升,变得更伟大而高贵。"我们希望自己所经历的生活是甜的,而娱乐恰恰是那包人类为自己发的糖。只是这包糖在今天被人们精心包装,巧妙营销,并以更加多元化、立体化、智能化的方式融入生活的方方面面。

---

① 腾讯娱乐.鹿晗话题破 500 亿生日季创多个第一[EB/OL]. (2016－05－11). http://ent. qq. com/a/20160511/027165. htm＃p＝1.

② 梁志高.2015:中国消费者的钱都花在哪儿了.中国质量万里行,2015－02－15

移动互联网革命了娱乐业

苹果发明了 iPod，毫无疑问，是个改变世界的创举。

娱乐业第一次彻头彻尾地被变革。以往，人们听音乐需要到音像店里去买唱片，然而 iPod 诞生的第一天，世界的娱乐业格局就发生了变化。只要手握小巧精致的 iPod 播放器，花几元钱就可以下载一首歌，强大的内存使你可以随身携带。

苹果在技术方面是颠覆性的主要原因在于，它在文件管理方面与传统的 MP3 也完全不同。你需要到苹果官网下载 iTunes，有了 iTunes，你便可以用它来管理自己在 iPod 上的音乐、视频。更加方便的是，iTunes 可以默认将媒体库自动同步到你的 iPod 上。

今天的在线音乐，很多都是当年受了 iPod 的启发。

中国互联网信息中心发布的一项数据很值得深思。至 2015 年年底，网络音乐用户已达 5.01 亿，占网民总数的 72.8%。① 也就是说每 10 个上网的人中有 7 个会利用网络来听音乐。为什么会有这么多人选择在线音乐？当然网络上音乐资源丰富是很重要的因素。你想听哪位歌手的歌，利用搜索引擎都能找到。不过更重要的是像百度音乐这样的权威平台，依靠移动互联网技术，能够向人们提供免费或者低廉收费的在线音乐服务，大大方便了听众。

只要你有部能上网的手机就可以随时随地听音乐。想听"左手右手一个慢动作"？可以。想听"你是我心中最美的云彩，让我用心把你留下来"？也可以。听音乐的人是"高富帅"还是"月光族"已经不再重要，重要的是 TFBOYS 与凤凰传奇的

---

① 网易科技. CNNIC 报告称网络音乐用户规模达到 5.01 亿[EB/OL]. (2016 - 01 - 22). http://tech.163.com/16/0122/13/BDUIAAQK000915BF.html.

声音都能在耳边陪着你。移动互联网技术让音乐播放变得非常流畅，这是如 CD 唱片等实体音乐载体时代所不能企及的。

苹果在将技术充分生活化的道路上，确实比同行先走一步，也走得更具创造力和发展力。在 iPod 经济上尝到了甜头之后，苹果将移动互联网技术大力挖掘，在手机领域里大刀阔斧，把生活中的娱乐玩到了极致。

想看书，可以下载个在线阅读软件。千百年来，我们都是使用纸质书籍进行阅读。想看哪本书，首先要到书店去问、去找，然后才能花钱购买阅读。可是跟随移动互联网技术发展起来的电子书让人们的传统阅读习惯逐渐改变了。只需在 App 商店下载诸如起点读书、晋江小说阅读等手机客户端，在搜索引擎中键入与图书有关的关键字，找书、看书都是分分钟的事情。

除了阅读，利用移动互联网观看视频也不再受时间、地点，甚至经费的限制。在移动互联网的大环境下，手指轻轻一点手机、平板，你就可以想看什么视频就看什么视频，而且很多都不花钱。

让我们再来看看时下风靡的网络游戏。早期的小霸王游戏机仅局限在单机对战，玩家想玩哪种游戏，需要购买相应的游戏卡，一个多人游戏通常也仅仅允许两至四人同时操作。游戏卡提供的游戏种类选择余地很小，游戏也多是重复性的，对于想象力和创造力的考验并不是很大。

随着移动互联网的发展，游戏被搬上了网络，网络游戏凭借互联网强大的技术支持，可以实现多人同时在线操作。比如拥有众多忠实玩家的《魔兽世界》，内容和道具丰富，游戏互动性和娱乐性更强。还有些体验类游戏，如《生化危机》《大航海家》《模拟城市》等，因其高度的虚拟现实性，深受人们喜爱。

百度公司董事长兼 CEO 李彦宏曾在一次演讲中指出："技术将会带来更多应用方式的创新，改变人们的工作、生活方式，对行业进行重新洗牌。"尽管人们依旧对诸如在线阅读、在线音乐、在线视频等是否收费或制定收费额度争得面红耳赤，但迅速发展的移动互联网技术，总是掀起一波又一波的娱乐革命。

5G 马上要来了！

在很多早期港产电影中如《赌神》《逃学威龙》等，你时常会看到刘德华、周润发、周星驰等影星在剧中扮演"大咖"，手拿"大哥大"。现代科技越发达，手机越普及，我们的生活就越离不开它。没有手机，我们的生活将会存在诸多不便。

2016 年 6 月，第一届全球 5G 大会召开。各路技术领域的高手，在会上大谈特谈 5G 构想，以及相关的技术支持。在 5G 时代，对于今天娱乐至上的"智能手机族"来说，费用方面会有更多节省。

中国移动通信公司副总裁李正茂曾经指出，5G 时代的着力点就是降低成本。运营商成本降低了，手机上网的费用随之下调。花费较少的钱，就可以获得高质量的娱乐体验。

运营商技术的更新加上手机的革命，娱乐想不彻头彻尾地产生新意都难，手机革命包括相机的清晰度、屏幕的清晰度、立体声的高保真等等。

坐在高铁上，你会在意移动互联网信号好不好，因为你想用手机看部好看的电影，以此打发坐车时的无聊时间。所以此时你会很在意能否在 5G 环境下花很少的钱几分钟就把一部电影下载或加载完成。进餐厅吃饭，你可能会拿出手机看看，网速怎么样，因为在等待时你可能想听听贾乃亮和甜馨唱的《大王叫我来巡山》有多搞笑。

我们必须承认，随着智能手机的迅速发展，手机化的娱乐生活已经渗透至我们生活的方方面面。

截至 2015 年年底,中国 4G 用户已经达到 3.86225 亿。① 相信未来 5G 用户的数量会更多。如果兜里钱财充足,买部功能强大的智能手机使用,是种享受。如果兜里钱财不足,买部高性价比的智能手机,也能实现手机上网娱乐功能。

无论使用什么智能手机,流畅不卡壳的娱乐体验都会令人心情舒畅。未来随着中国移动互联网络建设的发展,5G 势必会不断下调资费,这也令越来越多的用户愿意买账。

至于无线网络公共场所的免费使用,也是遍地开花。2016 年 1 月,重庆市南岸区将免费无线网络投入 20 座公共厕所内,可见人们对于手机化的娱乐生活需求。

随着对手机的依赖程度增加,很多习惯了使用手机娱乐功能的用户,没有手机在身边会陷入莫名的恐慌。更重要的是,智能手机用户可以自行下载安装包括在线视频软件、在线音乐软件、游戏软件等,扩充了手机的娱乐功能。手机移动网络更将智能手机功能发展到尽可能多,让我们无法割舍掉手机。

今天一部手机就如同各种娱乐设备的综合体。有了手机,你从来不会感到无聊,不过,从人文角度来看,人手一部手机,究竟是好事还是坏事? 这值得我们深思。

大家聚在一起时基本都不讲话,只是盯着手机看。孩子应该用更多的时间去接触自然,与小朋友们在一起。可是现在,聚在一起的两个小朋友一人拿着一部iPad,彼此都很"忙碌",而没有交流的时间。

手机改变了人类的生活,虽然对娱乐行业可能是非常好的事情,可对整个人类

① 环球网. 工信部:2015 全国 4G 用户达到 3.86 亿[EB/OL]. (2016 - 01 - 26). http://www.techweb.com.cn/data/2016 - 01 - 26/2268249.shtml.

来说,不一定是件好事。

生活本身包含着娱乐。娱乐可以在精神层面给人更好、更高质量的生活体验,在物质层面则会创造令人倍感惊喜的经济效益。尽管手机使得人与人之间面对面的交流变少,但娱乐的存在让生活始终保持勃勃生机。我们绝对有理由相信,娱乐是一种力量,会为你的工作"加油"助力,让你去服务社会,甚至可能改变社会!同时在适当的时候,你也要放下手机,从虚拟的世界里走出来,陪陪父母,陪陪孩子,陪陪你的家人。

草根网红的崛起

"草根"一词看起来很土,其实很洋气,它是将英语 grass roots 直接翻译过来的,原本指平民百姓,与高高在上的"精英"意义相反。

不过互联网发展至今,我们生活的时代进入了全民娱乐时代。每个人在互联网里娱乐,都可以占有一席之地。无所谓草根,也无所谓精英。

大家能平等地在网上一起玩,还玩得非常开心。街边小摊围着围裙卖牛肉面的小哥,可以和高档写字楼里西装革履专门受理国际经济案件的律师一起,在网上玩《征途 2》;邻居唱京剧的大妈在网上开淘宝店当网红,视频直播人气与某企业CEO 齐名。这就是全民娱乐的移动互联网时代,谁都可以玩,只要你有胆有识,玩出"花"来也是绝对有可能的。

"秒杀"传统的草根网红

所谓"网络红人",是指因某个行为或者是事件,以文字、图片、视频等形式在互联网上传播,而成为公众广泛关注的人。网络红人的迅速蹿红,与传统意义上娱圈的明星走红有很大区别。网络红人大多平时默默无闻，只因自身某种特质，而在短时间内成为公众关注的对象。其走红的主要载体就是移动互联网。

早期的网络红人主要因文字走红，例如今天已经成为资深作家的痞子蔡的《第一次的亲密接触》、明晓溪的《明若晓溪》系列。作者最初只是抱着好玩的心态在论坛、原创文学网站上"试水"，没想到作品因多次被转载成为热点，最终被出版社看中出版实体书，还被改编成影视剧。

这些因文字走红的文学"草根"们，在互联网上成就了自己的文学梦想。

不过与凭借图片和视频成名的网络红人相比，文学网红就显得保守和小巫见大巫了。凭借图片和视频被大众熟知的视觉系草根，分外高调与自信。

早期的芙蓉姐姐就堪称典范。2004 年有拍客将她的照片发布到水木清华和北大未名等网站上，照片上的芙蓉姐姐摆出各种"雷人"造型且言论充满自信，引发网友争议，大家的视觉被"雷"倒了。

曾经一度有人担心芙蓉姐姐会被网友恶评的口水淹没，可她随后经过整体包装高调亮相。不仅推出单曲和专辑，还担当了主持人，出演话剧和电影。2015 年 12 月她更在中国互联网经济论坛上获得"七年网络红人成就奖"。

近年来，不少网络红人的成名都充满阳光励志色彩。比如曾在北京西单地下通道唱歌的"西单女孩"，因其翻唱安琥的《天使的翅膀》，被网友拍下将视频上传至网络成名。随后西单女孩参加了《加油！东方天使》《我要上春晚》等比赛，最终登上 2011 年央视的春节联欢晚会舞台。之后，西单女孩演电影、出专辑，演艺事业红红火火。2016 年更是登上美国纽约时代广场，和著名企业家董明珠、潘石屹交流。

当然还有很多淘宝店主、微店店主，他们也充分意识到网红为自己带来关注的同时，势必会带来经济效益。于是淘宝店主边卖商品，边建立粉丝群。同时还请来专业摄影师为自己拍海报，把自己的淘宝店创业经历写成传奇故事。微店店主则一边微信上卖蛋糕，一边办烘焙讲座，彰显自己的文化范儿。

互联网的世界里，只要你身上有独一无二的特质，善于玩转网络、玩转娱乐营销，每个人都能"红"，每个人都有被粉丝追随的资本。

大佬争做网红

2016 年，资深媒体人袁国宝先生出版了一本名为《网红经济》的书。书中指出，网络红人正在引发一场新的粉丝经济，这是继共享经济后的一种新经济发展趋势，将拓展出更新更好的蓝海商机。他认为网红经济在移动互联网时代，能够创造出上千亿的市场红利。

互联网告诉我们，别把网红不当回事。诸如万达集团董事长王健林、小米科技创始人雷军等，这些精英级别的企业大佬，也纷纷进入公众视野，争做时下流行的网红。

例如大连万达集团董事长王健林的一曲《假行僧》视频，重塑了人们对他的印象。在万达年会上的这一视频一经发布，便红遍大江南北。截至 2016 年 4 月中旬，该视频的网络点击量就已达 25 亿之多。全球网民都知道了大连万达集团董事长摇滚乐唱得好，摇滚唱腔很地道。

网红潮流让王健林获关注无数，大连万达集团也跟着受益。随后，王健林更是与著名节目主持人陈鲁豫合作，参加《鲁豫有约》时进行了网上视频直播，连上节目都这么时尚前卫。运用网络直播的最大效益就是，把一个真实的王健林展现在公众面前。恰恰真实性是大众草根的最爱，也是他们最愿关注的部分。

企业大佬当网红，在今天的商界屡见不鲜。此前小米科技创始人雷军，就利用网上视频直播，发布了小米的第一款无人机。直播过程中，雷军搞笑幽默才能尽显，亲民风格的段子相当讨公众喜欢。360 公司董事长周鸿祎不仅为投资的花椒直播站台，就连自己的尊贵座驾宝马车自燃起火，也是先拿起手机拍视频直播，然后才打 119。

正如阿里巴巴集团 CEO 张勇所说："网红一族的爆发和产生，是整个新经济力量的体现。"网络经济为娱乐经济提供了强有力的保障，广大草根在享受娱乐经济盛宴的同时，令整个社会经济环境生机勃勃。

草根在娱乐的领域尽情狂欢，精英大佬们也参与进来，走起更加大众化的路线。

缺少娱乐的世界会怎样

对于娱乐，人们批判起来更是毫不手软。美国学者尼尔·波兹曼在《娱乐至死》一书中毫不客气地指出："一切公众话语都日渐以娱乐的方式出现，并成为一种文化精神。我们的政治、宗教、新闻、体育、教育和商业都甘心情愿地成为娱乐的附庸，毫无怨言，甚至无声无息，其结果是我们成了一个娱乐至死的物种。"

英国作家阿道司·赫胥黎，也曾在其《美丽新世界》中不无担心地预言人类未来将沉溺于娱乐世界当中而丧失自由，丧失理性思考能力。

笔者始终认为，波兹曼对待娱乐的态度有些偏激，赫胥黎对"美丽新世界"的恐惧有些夸大其词。

在他们看来，世界或许因为娱乐而沉沦，笔者却认为世界不能缺少娱乐。

2006 年美国曾上映过一部名为《寂静岭》的恐怖片，影片中渲染的氛围令许多观众记忆犹新。寂静的山岭被浓雾笼罩，山岭中的小镇充满死寂，没有一丝生气，影片中的每位主角脸上都找不到任何笑容。没有文学、没有音乐、没有影视剧、没有游戏，只有与恶魔的较量，以及如何在绝望中求生。

可以说，缺少娱乐的世界就是如此。缺少娱乐，世界的确令人窒息。

逃避孤独，获得认同

为什么有时你会一个人去看一部影片？在电影院里，事实上，你是在和其他人分享自己的感受，这种感受就会让你的孤独感变成一种情感的分享。当你集中注意力观看影片的同时，你的孤独感也被埋在了心里的最底层。

准确地说，娱乐可以令我们有效逃避孤独，进而与他人建立起广泛的认同感。

有首老歌这样唱："当你孤单你会想起谁，你想不想找个人来陪。"然而现实的回答是，有了移动互联网和智能手机后，在社交网络，有无数人在陪你。

今天的我们似乎已经习惯了，在孤单时自然而然地打开电视、电脑或者拿起手机，听听音乐，看看热播电视剧，找部电影大片观看，或者玩玩喜欢的游戏。有这些东西陪着，至少人们没有那么孤独了。

喜欢同一部剧的朋友，还可以随时随地在微信上或者发朋友圈讨论演员和剧情。当你们有一致的看法时，当你的朋友圈消息被众友人点赞时，那种认同感，确实让你觉得远离了孤独。

《女神的新衣》美不胜收

美，是人的第一需求。自古爱美之心人皆有之，人们对于美的向往始终未曾改变，因为欣赏美也是一种享受。

例如林志玲参与的综艺节目《女神的新衣》（即《我的新衣》），这档节目不掐架、不炒作，特点就是把美做足了，期期美得让人惊艳。仅是林志玲迈着迷人的模特步走一段秀，便吸引足了大家的眼球，何况每期还有范冰冰、张俪、王丽坤等众多美女站台。这节目男女老少皆宜，以无可争议的美制造出了高收视率。

更加高明的地方在于，《女神的新衣》还与著名网购平台天猫以及明星衣橱合作，推出"边看边买"活动。节目组充分利用了观众对美的向往，让综艺节目与电商以及品牌深度绑定，用娱乐的形式创新营销。

以往，节目是节目，广告是广告，品牌是品牌，赞助商是赞助商，彼此似乎没什么联系。随后，植入广告兴起，一些观众在日常生活中喜欢的品牌，自然出现在影视节目中，广告接受度在无形中提高了。

《女神的新衣》更是创新升级了娱乐营销，节目在为观众展现时尚、展现美丽的同时，还提供了购买服务。观众看中哪套衣服，热爱哪种穿搭，用智能手机扫描屏幕上的二维码，在天猫店和明星衣橱 App 上就可以买到。《女神的新衣》的大部分观众热爱时尚，追求美，喜欢网购，习惯使用智能手机。这恰恰也是天猫和明星衣橱的主要用户。难怪明星衣橱 CEO 林清华说，《女神的新衣》就是明星衣橱视频版。

看了就买，买了就穿，与明星"撞衫"才是真牛。观众只需在自己的电脑或手机上动动手指，节目中人物的穿戴就可收入囊中，真正实现了娱乐生活化，生活娱乐化，同时在这个过程中也创造了可观的经济价值，实现了真正的"独乐乐"不如"众乐乐"。

优越感：你为什么追"美剧"

一些时候，看过一部好的美剧的人，比没有看过的人，更具有优越感。你若不用字幕观看，则优越感更添一分。

比如看过由美国作家乔治·雷蒙德·理查德·马丁（George Raymond Richard Martin)的《冰与火之歌》改编而来的《权力的游戏》的人，可能会油然而生一种优越感。那种感觉就好像你比别人多一个宝藏，多一重境界，多一个"脑洞"。

在这部美剧中，有很多宏伟的场景，精彩的对白和令人惊叹的桥段设计，看过以后，会对人性有更深层的了解。许多忠实剧迷甚至"质问"周围人：为什么没有看！

我们不得不承认，人的本性是乐于比较的。比如篮球比赛的门票，这个人买到了，那个人没有买到，买到的人看过了比赛，就会产生优越感。

美剧便如同一扇窗，向你展示了美国人的价值观以及生活中的细节。当留学生们最终在美国社会取得成就时，恐怕还真要感谢美剧编剧们。

就算是不打算去美国留学，但如果你看多了美剧，熟悉了美剧，那么你的言谈举止间便情不自禁会有些美国范儿。飙几句美式口语，谈谈别人不知道的美国生活，也体现着对人生更高层次的追求。毕竟美国目前依旧是世界上的经济强国，向它看齐，也是积极进取的。

如果我们的生活中少了美剧，美国便只是地图上和教科书中的美国，就没有那么真实和有趣了。

偶像明星想逗观众一笑

今天的娱乐业，似乎已经不像以往那样有偶像崇拜之风，尤其是在互联网大背景下全民参与的娱乐业。卸下偶像包袱的明星，反而更亲切。

不过能够让观众开心一笑也并非易事。明星想要让观众笑得自然，笑得舒心，恐怕还需要多动动脑筋。

薛之谦从偶像歌手转型成搞笑艺人，成功之处在于生活中他是个段子手，有趣幽默至极。经济收益是衡量娱乐营销成功与否的重要数据，转型后的薛之谦，"节目"更多了，广告代言也更多了。

中国人很多时候比较严肃，善于搞笑的当真不多。事实上，相声、小品等都属于较为基础的搞笑节目。中国的娱乐业中，能让人欢乐、让人笑的"工种"，基本还处于"零阶段"。

可以毫不夸张地说，中国的喜剧至少还得发展十年，这其中充满机会。只要你有眼光去发掘这些有天分的笑星，这个市场就是巨大的。中国人太"苦"了，所以做喜剧节目是未来很有潜力的发展方向。

正如美国娱乐大亨米切尔·J.沃尔夫所说，无论消费者要购买什么产品，他们都需要在其中找到娱乐。缺失娱乐的世界，经济增长必然也会受其影响。

爱自己，爱世界

在我们的社会中，人人都在渴望真情，都在向往爱与被爱。

一部《致我们终将逝去的青春》电影，勾起了很多人年轻时爱的记忆。那时的爱，纯粹、简单、不顾一切。尽管一无所有，但依旧可以爱得轰轰烈烈。然而历经岁月打磨，爱情与现实激烈对战，面对爱人远去后的回归，更为成熟的你，又将何去何从。作家辛夷坞笔下的情感，真挚、热烈，同时极富年代烙印，许多身为"过来人"的观众都感同身受。这种对爱的共鸣，恰恰是娱乐经济中票房和收视率的保证。

浙江卫视有档真人秀节目叫《一路上有你》，展现了明星夫妻在旅行过程中遇到的问题以及如何解决问题。在这档节目中，"夫妻关系"和"爱情"被真实呈现。

张智霖和袁咏仪，田亮和叶一茜，赫子铭和何洁，王岳伦和李湘，沙溢和胡可，这些明星夫妻在节目第一季和第二季中，相继展示了平凡生活中爱的甜蜜。张智霖和袁咏仪一会儿很搞笑地在镜头前耍酷摆造型，一会儿又因为钱等琐碎问题争执；沙溢满嘴甜言蜜语哄爱妻胡可开心，可过后却又因自己的疏忽让老婆很生气。很多时候，这就是现实生活中真实的爱情。

爱情是需要生活来考验的，尤其是遇到各种生活中的现实问题。《一路上有你》展示了颜值高、受关注度高的明星夫妻的生活常态。从娱乐的角度来说，这是很有看点的。它满足了人们爱的需求，让你意识到，明星夫妻和普通人一样，面对爱这种情感来说，本质上没有区别。

爱是互相帮助，互相支持。爱可以让我们有力量直面困难，勇敢地面对现实，解决问题。

娱乐如果向"爱"的方向发展，真的可以改变世界。

要知道，只有人类最基本的情感"爱"，才能最长久，才能改变人，改变整个世界。娱乐是很好地表达中国式爱情的方式，人类完全可以将娱乐创造出更大、更杰出的价值。我们可以很自信地说，如果你想让世界变好变美，就好好娱乐吧。

这里需要指出的是，马斯洛需求层次理论与七层需求理论是有对应关系的，七层需求理论是马斯洛需求层次理论在互联网时代的进化和延展。

移动互联网时代，温饱问题基本解决，马斯洛的生理需求也就演变成如今的"性"需求；而马斯洛的安全需求，被七层需求理论分拆成"孤独和认同感""安全感"；在互联网时代，马斯洛的社交需求演变成"美学"需求，尊重需求演变成人们寻求"优越感"和"欢乐喜悦"，自我实现需求的最高层级"进化"为人类永恒的主题和需求——"爱"。

无论时代如何变迁，人们寻找欢乐和爱的脚步，永远都不会停止。

/第二章/

4C 已死，4I 崛起！

4C 已死！

众所周知，4P 理论是营销学中的经典理论。4P 理论给营销学提供了一个大框架，即产品(Product)、价格(Price)、促销(Promotion)、渠道(Place)是营销四要素。随着消费者个性化日益突出，4C 理论逐渐崛起。它提出顾客是上帝，将顾客需求充分放大，将其归为以下四个因素，即消费者(Customer)、成本(Cost)、便利(Convenience)和沟通(Communication)。

不过，当大数据时代真正到来，4P 早已被淘汰，原本流行的 4C 理论，现在也基本上成了浮云。4C 与已经发展变化了的营销现状完全不适应，我们可以毫不夸张地说，它被大数据时代给杀死了。

不是笔者耸人听闻，快让我们一起看看，4C 理论究竟"死"在了哪里？

消费者被大数据取代

4C 之一就是消费者，但消费者在互联网时代尤其是移动互联网时代是难以被企业直接接触到的。现在的消费者甚至可以足不出户，作为企业，你知道用户在哪里吗？事实上现在的营销核心是在产品上，而不是在消费者身上。

消费者还可以是全透明的，甚至可以不再称其为消费者，而是大数据。在大数据面前，所有人都转变成了数字。你每消费一次，就在整个数据库中做一次叠加，现在大数据已经上升到了人工智能阶段。经过无数次消费、无数次叠加，最后形成了人工智能数据模型。这就是数据化的消费者。

这种状况如同一个人出门逛街买东西、就餐、坐车、看电影，经过这一系列消费后产生各种各样的数据。只需要对这些数据进行精准的定位分析，便能预测出你将来还可能会买什么，或者相应人群会买什么。不夸张地说，在大数据的叠加基础上，加以一定科学的判断，对上述绪论断定的准确率高达70%～80%。

一个最常见的案例是，打开手机上的天猫App，有一个"千人千面"栏，每个人在天猫上看到的内容都不一样。以往需要你自己去搜索商品，现在则是购物平台根据你的大数据给你做精准的商品推荐，这一技术使网络购物平台的成交率飞速提升。

成本被内容取代

成本是4C理论的一大"重地"，在移动互联网时代，成本概念完全淡化。对于一个商品来说，如果只是一个商品，没有IP(Intellectual Property，知识产权)，没有品牌，没有附加服务的话，价格就会是完全透明的。以淘宝为例，假如你要去买一根钉子，在网上搜索后发现，所有钉子功能大同小异。那么，顾客会选择哪家的商品呢？这就看消费者属于哪种族群。比如说某个消费者属于潮人族群，就可能去选择潮牌系列商品。因为在网上成本是透明的，所以很多消费者淡化了成本概念。

成本色彩淡化的一大结果是，强品牌弱势化，个性化小品牌快速成长。例如网红售卖自己研发的洗发水，很多消费者只是因为喜欢网红，便可以不计较成本去购买。对于一个顶级IP，价格都变得不再那么重要了，消费者又怎么会去在乎成本？反正花多花少我愿意，消费者买的就是热爱，买的就是高兴。

所以，在移动互联网时代，内容取代成本主导消费。时下当红的视频等与商品相关的内容更能吸引消费者产生购买行为，大家开始因为内容去买东西，而不是因为这件东西价格便宜。内容从内心深处打动了消费者，使之产生购买欲望。从这个意义上讲，内容会在很大程度上取代成本这一购买因素。

便利被时间取代

在移动互联网时代,购买商品的便捷性已经开始出现同化倾向。淘宝和京东商城,在物流方面事实上没有太大差别。用户都可以通过网络操作来买东西,然后由快递小哥送货上门。今天的网购已经发展成了常态,甚至成了人们日常生活必不可少的一部分。

只是,在时间上,企业可以用"快"来作为卖点,例如当日达、二十四小时内送达等等。

沟通被场景取代

以前需要靠人力来进行沟通,这是一种个性化的沟通,例如商场的销售人员等。而现在在淘宝上买衣服,则主要与客服进行沟通。你没有见过客服的"庐山真面目",他也与你素未谋面。消费者与客服之间通过电脑进行沟通,有时则是与机器进行沟通,这已经变成了一种标准化的沟通。

在标准化沟通的大原则下,为了节省时间,提高办事效率,淘宝设定了标准问题的答案。因为一般人问的问题通常也不会超过既定内容范围和数量,所以很多问题就可以通过电脑程序自动回答了。

从这个角度上讲,沟通已经被场景替代了。

显而易见,在大数据时代的营销领域,传统的4C理论已经死去。而且是必死无疑！4C理论中的4个基础性因素都发生了改变:消费者被大数据所替代,成本被内容所替代,便利被时间所替代,沟通被场景所替代。

4C理论在娱乐化的社会根本就是完全失效的。

4I 来了！

面对死去的 4C 理论，全新的、更具生命力和时代适应性的 4I 理论应运而生！

4I 理论是在移动互联网发展背景下提出的。大数据时代，互联网无所不"＋"，做娱乐营销，传统媒体固然有用，但并非广泛适用。网络媒体演绎而来的新媒体、自媒体，让消费者称帝。有了网络，价格、渠道、分销等一切信息都变得透明公开。

因而 4I 理论倡导的，就是在这种信息爆炸前提下的营销整合。4I 包括信息（Information）、兴趣（Interesting）、交互（Interaction）、IP（Intellectual Property）。

四个元素更加紧密地联系在一起，从而构成一个完整的系统。以信息为始点，信息再进行转码，进而转化成用户感兴趣的事物，交互使其在兴趣基础上加深了联系，然后形成一个稳固的 IP。

信息

信息是娱乐营销的始点。移动互联网基础上的信息量巨大且繁杂，一方面要对其进行分类处理；另一方面，要善于找出其中的特色，有重点地进行信息转码。不是所有信息都有用，真正有用的信息，往往是那些与产品和品牌特点有关的信息。

比如日本有家名叫千疋屋（Sembikiya）的水果店，生意特别火爆。如果单纯从水果的角度来说，在超市里也能买到的水果为什么要到千疋屋买？

其中的关键信息是价格。

千疋屋的水果卖出了"天价"。你担心人家水果没人买？可这水果店却已经开了 174 年，纵然一块西瓜卖四万日元，一盒樱桃的价格也要上千元（是的，你没看错，就是"元"），让人着实肉疼，但销路依旧火爆。

这家水果店，卖的都是最完美的水果，毕竟物以稀为贵。买这家店的水果如同买珠宝一样。果农精心使用手工授粉，用保护盒独立储存果实。为了让甜瓜长得好，每个甜瓜还戴上了防晒的小黑帽。展示的时候，更是将其放在天鹅绒玻璃盒中。

在这家店里，水果以高档礼盒的形式出售，用来作为婚礼、探病、商务礼品，都非常合适。甚至为了保证水果的完美品质，将近两个世纪的时间，千疋屋才开了11 家店。如此富有特色的水果店，消费者购买到的便是一种前所未有的尊贵。

特色信息引爆兴趣，进而形成不可替代性，价格便已经变得无足轻重了。从某种程度上说，向消费者发布什么样的信息非常重要。娱乐营销用各种充满创造性的手法，将商品个性凸显。

商家可以将有用的信息经常说，反复说。久而久之，消费者就被信息战术套住了。有时甚至花了大价钱，也没觉得自己是"冤大头"。相反，附加服务做得好，还会使消费者感觉倍享尊贵。

兴趣

4I 里的第二"I"很重要，Interesting，即"兴趣"，准确地说是商品和品牌信息转码后引爆的兴趣。

内容要有趣，才会有人关注。充分利用人们的八卦心理，是娱乐化的捷径。

自古以来，大众就爱八卦。街边有人吵架，一群陌生人，伸长脖子围观。即便是吵架的人都快散了，围观的人还是久久不愿离去，好像非挖出前因后果不可。然而在今天的"互联网＋"面前，吵架也跟着变得前卫和科技化起来。

"优酷上罗永浩和王自如在约架！"听到这样的消息，如果你是个技术盲，可能会在百度上搜搜这两个人都是谁,于是"罗永浩""锤子手机""王自如"这样的关键字就成为热搜。更进一步的八卦是,很多人想知道他们俩为什么吵架,吵架的起因是什么。于是罗永浩和王自如的微博也成为热点,当然更多人则直接到优酷上去看吵架直播。各路点击和评论量嗖嗖攀升,无论是对吵架的罗永浩和他创办的锤子手机,还是曾经知名度并不高的王自如,吵一架换来的营销收益,都极其可观。

连吵架这件事都能娱乐化地用网络直播的形式呈现出来,不得不说,老罗的娱乐营销功力了得。关键是,这样的吵架让人觉得"好玩"。暂且不说其中的技术名词大众能听懂多少,单是罗永浩和王自如的吵架气势,就很有看头。

这场著名的吵架,长达三小时,比一部好莱坞大片还要长。唇枪舌剑到这种地步,只有用"敬业"来诠释比较恰当。但是,这架可不是随便吵吵就完了的,它是站在专业角度以专业派头在吵。这样的专业立场,本身就很娱乐。

除了八卦心理,兴趣营销更倾向于迎合消费者的喜好。例如受大众推崇的网络语言,在很多营销软文和广告中都能看到。像"重要的事情说三遍""吓死宝宝了""我想静静"等,被明星们拿来说,显得更加前卫和网络化;被写进软文中作为广告的一部分,显得更加有格调。

迎合兴趣是为了引起消费者的注意,而不是妥协,被消费者牵着鼻子走。有些高明的娱乐营销,更能为消费者创造兴趣点,引导消费者跟着自己跑。

例如,2013年9月豆瓣给绿箭做的一个主题为"在一起2得起"的营销广告,针对上班族群体,把"2"这个兴趣点充分提升起来。同时利用豆瓣平台线上活动和豆瓣小组的传播优势,积极号召大家"一起2"。绿箭"不能同年同月生,但求同事一起2"和"加班一起来耍宝,苦中作乐效率高"的广告语,具有很强的号召性。线上线下原创"2"照,被用户浏览,广泛分享传播。"一起2"作品的均流量达到了两万以上。

就企业而言,做好兴趣这一关键要素,需要做到以下三点:

第一,企业要善于创造兴趣。

微博和微信令信息碎片化,要想让消费者对企业产品感兴趣,就要善于随时随地制造兴趣点,"放出"各种话题。

深谙互联网传播之道的大佬们就不用说了,即使传统制造业的企业家们也开始加入其中了。我们经常能够看到格力电器"铁娘子"董明珠的各种消息:"与雷军打赌""发飙怒骂小股东"……总之,各种火爆事件接连上演,让人连连惊奇于"铁娘子"之火山爆发样的性格脾气。

每次事件一出,大家都会讨论董明珠是为何事怒发冲冠? 不过对于娱乐营销而言,大多数的人事实上都在围观打酱油。我们应该要意识到,作为一家成熟的企业,格力电器有专业的公关团队,专门对这些新闻事件加以策划。而且,大家别忘了,董明珠原本就是营销高手,她的一些火爆新闻,更多是为了创造兴趣点,引发公众关注,进而促进销售。

企业要善于创造兴趣点。任何一个企业,如果不能让消费者对自己生产的商品感兴趣,那么它的经济效益应该不会那么乐观。

第二,企业要善于创造有趣的内容。

企业创造兴趣的内容在于远离恐惧,寻找快乐。

企业如果能够将消费者内心深处的恐惧"贩卖"得当,同时为消费者找到快乐,其中的兴趣也便制造出来了。将恐惧与快乐恰如其分地结合,那么消费者就会对企业的产品感兴趣。

商品质量好对产品来说是必需的。如果企业在营销时只是重点讲商品质量,很多人在多数情况下不会感兴趣。可是如果谈及商品功效,例如能够让人变得更漂亮，顾客的兴趣点就被激发起来了。

2013年"双十一"，茵曼就做了一次有趣的营销。眼看电商和网民的网购狂欢盛典"双十一"即将到来，各大电商纷纷打出如何备战的广告。可是茵曼却在自己的官方微博上发布"放鸽子"的声明。茵曼声称，这一年的"双十一"他们要放鸽子了。这便引发了很强烈的关注热度。

茵曼这个品牌在女装电商领域销量多年排在前列，怎么这一年的"双十一"就要"放鸽子"呢？不少人开始猜想，是不是企业内部出现了什么问题，或者茵曼遇到了什么麻烦？就在这时，茵曼又发布了一条"道歉"微博，这条微博中说他们必须"放鸽子"，"放鸽子"是出于无奈，请大家原谅。这条"道歉"微博一出，不少人很可能会一拍大腿说："哎呀，你看吧，我早就猜到了，茵曼必定是出事了！"于是也就两天时间，茵曼的"放鸽子"话题，吸引了30多万用户的眼球。

内容做足了，恐惧"贩卖"够了，这个时候企业该揭开谜底让消费者快乐一下了。于是在"放鸽子"声明发出后的两天，茵曼在官方微博上告诉大家，"双十一"咱们是必须要参加的，"放鸽子"其实就是茵曼品牌馆预热期的一款同名营销游戏。

不过这个很有趣的营销手段，却令茵曼的商品销量大增。玩"放鸽子"游戏的网民中，大约有35％以上的人对茵曼加以关注，当然这还只是数据上的保守统计。茵曼也在当年"双十一"成了1.2亿销售额的女装销量冠军。

第三，兴趣的路径依赖。

现在拍的很多影片，诸如《盗墓笔记》《小时代》等，第二部、第三部往往没有第一部那么精彩。往往就是，导演要拍续集的豪言壮语，因让人失望的效果而不了了之。因此很多前期口碑不错的影片，其续拍计划便被搁置下来。

这其中主要的原因在于没有能够找到消费者兴趣的路径依赖在哪里。企业只有通过大数据去建立兴趣路径，将内容真正做好，将内容的延续性做好，这样才能赢得消费者长久的支持。例如图书行业里的"贝贝熊系列丛书",就是美国兰登书屋把孩子日常生活中出现的许多细小问题写成故事,出版了很多相关类型的书。比如针对男孩与女孩之间区别的问题做了一本《女孩靠边》,孩子和家长的反馈都很好。后期继续延续了这一做法,在孩子的"咿呀学语系列"里出了一本《他和她》,系统地给孩子们讲讲男孩和女孩的区别。这便是作者和营销策划的用心之处。因此"贝贝熊系列丛书"推出半个世纪依旧长盛不衰,直到今天还在不断推陈出新。

因此,我们观看的美剧虽然有很多季,更新得也慢,但还是想追看。美剧里总有创新,同时那根主线又"揪"着观众追着它看。可见兴趣的路径依赖能够极大提高消费者的黏合度。如果消费者始终跟着企业,那么企业便根本不用再为销量发愁。

互联网是个更大、更多姿多彩的娱乐圈。商品营销中轻松的氛围,有趣的宣传点,愉快的感觉更会令消费者久久难忘。

交互

微电影、微博、微信,凡是以"微"字打头的媒体,似乎天生就具备交互基因。利用好这些媒体,玩好交互,娱乐营销就会把消费者与企业紧紧联系在一起。

怎样才能做好交互呢?

第一,关注社交平台。

企业与用户之间交互的点越多,客户对企业的认可度就越高。现在是微博、微信碎片化时代,诸如知乎等交互平台成功的地方在于,将交互做得足够细分。不同的人群会聚集在不同的交互平台上,有些人喜欢用微信,可是许多 95 后的年轻人更喜欢用 QQ 空间,豆瓣上面则集结了大量的文艺青年。那么科学青年去哪儿了呢?他们在博客上。企业对这些交互平台的受众进行分析后,妥善加以利用,其直接效果就是以最小的投入换来最大的效益。

第二,交互必须与大数据结合。

交互是企业收集客户大数据最好的方式。大部分人在社交平台上做的事情其实存在很大的相似性,因此交互能够更多地收集客户信息。

为什么有的淘宝店成功概率很高? 更多在于客服与客户良好的沟通。专业化的客服知道如何与客户进行沟通成交率更高。很多成功的企业通过对大数据的分析形成了一套独特的营销方式,收到了很好的效果。

如果你在京东上有退换货的经历,你会发现,京东的大部分客服说的话其实都很相似,尽管你确信与你交流的是人工客服。通常你的商品遇到问题时,你会向客服询问能否退换货。客服首先会问明你的问题在哪里,然后建议你自己去点退换货按钮,填写退换货申请,当然还要拍摄图片,写明详细的商品问题;接着客服就会让你等待申请审核通过;审核通过后,你便可以把东西寄给京东,或者等待快递人员上门拿货,进行退换。无论你想要退换的是名贵的珠宝首饰,还是日常生活用品,流程都一样。这背后,就是京东的大数据在做支持,进而得出了这套高效率为客户解决问题的办法。

第三,交互要创新。

以前的交互主要指的是语音交互,随后发展成图片交互,现在则成了视频交互。创新将交互内容再造,交互变得非常有趣,也很有格调。

时下在年轻人群体中很流行的B站,就是一种彻底的交互。这个网站的全称是bilibili(哔哩哔哩),它主要的定位是视频弹幕网站。大家在这个网络平台上互相都不认识,但是大家可以对着同一个内容做交互。这是一种纯粹的交互创新。如果你在B站上做一个营销,大家都参与了讨论,那么IP被成功打造,产品也必然卖得好。

伊利的一款乳酸菌产品"每益添"曾推出微电影《交换旅行》,由杨幂自导自演。在电影开拍前,作为"每益添"代言人的杨幂就在微博里与粉丝频繁交互,讨论电影怎么拍,怎么演,引来粉丝出谋献策无数。在微博推广中,杨幂把"每益添"货真价实的广告,拍成有故事的微电影。由于之前交互营销做得到位,这部微电影一上映,关注度就火速飙升,两天内优酷的播放量便超过了 120 万次。

随着《交换旅行》的上映,关于"现实与梦想"的讨论源源不断,这样的交互甚至形成了规模,伊利"每益添"获得了很好的娱乐营销效果。

韩寒的电影《后会无期》,交互更强大。虽不像电影《小时代》那样是根据原版小说改编,可作为一部全新创作的电影,韩寒依靠自己的高人气微博平台,将《后会无期》中演员和片场照片推广开来。韩寒的资深粉丝们也都是"韩式文风"的忠实崇拜者。当韩寒以图片加调侃的形式在微博上一发布信息,网友的评论中便能出现很多"神论"。韩寒把这些"神论"很有"心机"地汇总,用微博再次推广,交互效果更好了。粉丝们觉得自己的"脑洞大话"能被韩寒使用,感到受宠若惊。

影片上映同时,剧中经典台词也开始走起交互营销路线,"喜欢就会放肆,但爱就是克制"等经典台词被制成九宫格传播。热爱韩寒的大众,也开始跟风创作。这让人不禁惊呼,作家拍电影就是不一样,除了让人看,还让人写,这委实是一场"烧脑"革命。

《后会无期》中有只小狗叫马达加斯加,是只小阿拉斯加犬。影迷们很喜欢它,于是韩寒的营销团队专门为这只小狗建立了微博。它的作用是干什么?除了卖萌,主要是交互,用来发布拍摄花絮。

微信在公益活动方面,也做了一次非常有意义的交互营销尝试。微信有一个很强大的功能,就是可以发送语音。借助这一功能,微信公众号推出了"为盲胞读书"的公益活动。

用户只需关注相关公众号，根据指定段落，利用微信的语音功能，为盲胞阅读"献声"。这些声音经微信精选后，将好听的语音收入微信语音库。

公益营销是一种爱心营销，能把品牌形象维护得有爱又美好。读书本就是受众面很广的好活动，加之"为盲胞读书"，参与者的精神境界瞬间被上升到了更高层面，比直接捐款更有爱。你轻而易举地"献声"，却是很强好的善行，对社会的正面影响深远。

于是"为盲胞读书"的公益活动在好评度攀升的大环境下，关注度和参与度也只增不减。"献声"的日均参与数达到15000多条。很多名人也被邀请参与其中，如倪妮、胡歌、高圆圆等。名人将活动人气进一步助推，交互令微信的使用率变得更高。

微信顺势在国际盲人日为因视力障碍有阅读困难的孩子送上自己的"悦读盒子"，进而将"为盲胞读书"活动热度推向顶点。

在这场活动中，人们的同情心被激发，进而积极参与活动。参与交互过程中，用户语音若被选中，成就感就会爆棚。同时作为公益活动，盲胞也真正能够受益。这是一举多赢的交互营销典范。

交互的好处就是，能够让人参与其中，打破了传统营销被动接收信息的模式。消费者变得更有主动权，想知道什么，想干什么，是有选择的。行为决定了营销的方向。消费者参与互动，感到自己被真正重视。对品牌来说，获得关注和点赞不在话下，更难能可贵的是，反馈信息也一并收集了。

如此省钱省力，又玩得开心，交互营销功不可没。

IP

IP被今天的互联网娱乐化了以后，富有许多传奇色彩。IP为英文 Intellectual Property 的缩写，意为知识产权。IP营销既时髦，又行之有效。媒体喜欢拿IP说事，其中的关键在于，打造一个顶级 IP，获益良多。这种效益绝不是一锤子买卖，而是长久的，甚至是永恒的财富。

第一，IP 是一种智力产权。

所有成功的营销都会形成成功的 IP，很少有企业产品卖得特别好却没有形成 IP 的。

《西游记》是一个 IP，华为也是，可口可乐是 IP 就更加毋庸置疑了，这主要是因为它们与人们在精神层面相通。提到《西游记》，你不可能仅仅把它具体化为一段文字或者一本书，华为则早就从手机领域"脱胎换骨"，可口可乐也不再仅仅是一罐饮料，它们背后更多的是所代表的文化。娱乐营销出来的商品及其衍生品，仅仅是 IP 的载体，是 IP 与消费者"牵手"时的物质依托。

以前的营销依靠广告强加于消费者，商家然后拼命打广告，从而促进消费。这是硬广告，但它在今天已经没有太大作用了。现在的很多广告公司，经济效益并不好，因为以前是靠广告预算赚钱。广告公司向客户提出三千万预算，然后投放到诸如电视广告、路牌广告等，计算出人均成本是多少。可是现在我们发现电视广告的效果非常不尽如人意。电视上广告太多了，消费者对商品便很难记得住，这主要是因为很多企业忽略了内容。如果企业的广告里没有故事，没有打动消费者的点，那么这个广告多数情况下是没有效果的。然而现实中却有靠一篇微信文章卖动几万条毛巾的案例，一个微信公众号可以推动无数消费行为，这样的案例层出不穷。

第二，品牌 IP 化。

IP 内容很重要，同时 IP 还要能够积累。

传统企业如果能够转型，将品牌做成 IP，那么它的生命力将会更加持久。目前来看，格力已经 IP 化了，但是海尔集团还没有。我们在媒体上看到的海尔的广告都是硬广告。事实上最初的海尔还是非常有故事的，是一种类 IP 化的成长。今天的海尔广告展现的却都是硬广告，营销能力于整个 IP 时代在逐步退化。甚至可以这样讲，海尔没有 IP。

相比于海尔，华为却做得很好，很善于讲故事。华为老总任正非就是讲故事的能手，他声称华为打造的是"营销铁军"。再看看华为的广告，走的是国际路线，拍得都很好看。华为有一部叫作《梦想成真》的广告宣传片，让不少人看后感动落泪。成功的 IP 就是有这样的魅力，无论你做什么，消费者不会将其与功利心联系，而是真正感同身受。

人是 IP，节目是 IP，企业也是一个 IP，阿里巴巴就是一个 IP。娱乐营销很重要的一点，就是把自己的公司当作一个 IP 去运营。公司品牌和公司文化、内容、产品，就是以 IP 命名的方式去运营一个企业，而不是单纯生产一个东西，以赢利为主。

真正的 IP 是永恒的，不会随着岁月的流逝被人们忘记。正如张爱玲，今天仍有人把她的著作拍成影视剧。即便作家本人已经去世，但是 IP 永不消亡。

值得注意的是，IP 与品牌类似孪生，但还是有区别的。做 IP 营销，思路方面就要区别于品牌推广。IP 更加注重情感共鸣，品牌则集中着力点在产品功能上。

打造神级 IP，绝对是个慢功夫。北京同仁堂用了快 350 年的时间，成就了一个历史级别的 IP。流水的伙计，铁打的药铺。街边随便找个药房，都能买到药，还可以划医保卡。但还是有人不远千里直奔同仁堂，觉得买好药必须到同仁堂。即便是比同类药定价更贵一些，消费者也认为同仁堂卖得药好，觉得贵有贵的道理。这就是用时间打造出来的情感认同。

成功的 IP 营销，粉丝忠诚度堪称典范。品牌常常过分依赖商品，商品没了，品牌垮了，粉丝会散，可 IP 却一直能和粉丝相依相伴。

极其重要的一点是，IP 营销要善于打造故事。做有故事的人，做有故事的商品和品牌。这个故事好玩,有趣,充满创意,消费者就会喜欢。这个故事虐心,让人看了就想掉眼泪,也很有市场。不管怎样,故事必须是特别的,是 IP 所独有的,有性格的。

　　所以,《爸爸去哪儿》《奔跑吧兄弟》等知名真人秀节目仍旧停留在品牌的层次,想要达到 IP 的境界,事实上还需要努力。因为 IP 涉及很多行业,甚至会形成一个庞大的产业链。

　　比如家喻户晓的四大名著之一的《西游记》,除了被改编成漫画、电影、电视剧,你在肯德基也能买到孙悟空的玩具,在街边地摊也能买到猪八戒的面具。《西游记》的 IP 早已被泛化,渗透到人们生活的方方面面。于是周星驰把《西游记》改成无厘头版本,粉丝大赞其深刻。单拿出孙悟空三打白骨精这段拍成电影,观众也爱看。

　　娱乐营销需要做的,就是将 IP 形象立体化,将各项资源有效整合,全面地娱乐起来,促进产业规模化发展。

4I 理论各要素之间的关系

　　回顾 4I 理论,我们不难看出这是一个典型的金字塔模型。在这个模型中,信息是基础,兴趣是选择和传递,交互是链接和交易,IP 是情感。

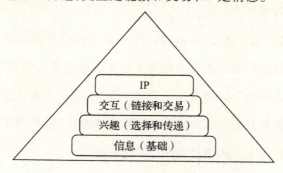

4I 模型图

打造 4I 模型

既然 4I 理论将盛行，作为一个企业，如何打造属于自己的 4I 模型？

首先，企业必须要以系统的思路来做 4I。

4I 的战略不是市场营销部门的 4I，是整个公司的战略格局，是系统性的 4I。因为它不仅仅是指销售，还包括产品设计、物流、销售渠道、视觉呈现、客服体系等等，因而需要有 4I 的整体规划。

其次，4I 的核心是 IP 打造，是企业的内容和交互，它要求企业建立核心的内容创造团队。

这好比作为一个商家，不仅需要生产商品，还要聘请设计师，甚至是策划人，进而对企业的 IP 进行整体打造。就像日本的茑屋书店，地段虽然不在市中心，却深受人们欢迎。因为这里卖的不仅是书，还提供影碟出租服务，甚至星巴克和宠物美容也能在里面找到。这还远远不够，茑屋书店更将公园绿地加以开发。也就是说读者来这里不仅仅是看书，而且能享受文化生活。这一切都需要团队的协调合作，它所呈现出来的就是一个能够被大众所喜爱、所追捧的极佳 IP。

再次，要以大数据作为支持。

数据需要积累，才能实现人工智能。商品销售已经不再单纯只是拿商品进行推销，而是在现有数据积累的基础上做更多叠加。淘宝就非常精通于使用大数据，比如淘宝上的"千人千面"，即便是有一万个商家在淘宝上卖洗脸盆之类的家居用品，但是经过大数据的分析和匹配，帮商家做过精选后，最终向买家用户推荐的信息往往是最适合的，商家的满意度也随之得到提升。

因此在商品销售的过程中，不能只是单纯地说东西好，更重要的是去研究大数据的规律和轨迹。沿着大数据的轨迹去营销，企业的销售额就会上升。

最后，要敢于放弃。

企业需要放弃 4I 不需要的东西。例如有的企业会专门设置一个部门给消费者送鲜花，但事实证明，虽然企业对客户好了，可是这与客户的购买行为没有直接关系，其实这个部门的设置是没必要的，我们必须在信息、数据、内容上做营销。至于传统的客服部、公关部、市场部，与 4I 也没有多大关系，都应做相应程度的削减。明智的做法是，更应当加强设计部门、大数据部门的建设。

为什么？主要是因为现在产品种类五花八门，单纯依靠一家企业做不了所有的产品。可是如果企业能够在自己细分的类目里做到第一，用户能够在有需求的时候第一时间找到这家企业，这便意味着成功。例如鞋子的销售，鞋子的类目里有皮鞋、有运动鞋，运动鞋的类目里又分为篮球鞋、足球鞋、马拉松跑鞋等，马拉松跑鞋的类目里又会有细分，如果跑四小时的话，可能鞋底就需要比较厚的，这样能够减震；但是跑两小时或三小时的马拉松，鞋底就相对要薄一些。当用户需要马拉松跑鞋时，我们可以通过大数据将最好的、最适合的马拉松跑鞋精准推荐到他面前，这便对销售有极大的促进作用。

这就是为什么现在"爆品"销售量走高。比如商家只做马拉松袜子，把这类袜子质量做好，并且讲好故事，打造出独一无二的 IP，激发目标客户对产品的兴趣，通过交互和大数据匹配，销售往往就是成功的。

"爆品"这个概念跟传统的 4C 理念已经没有任何关系了。在淘宝上，很多"爆品"价格不菲，可就是有人愿意为之买单。

例如，我们众筹一间民宿，它不单纯只是一间房子，它有山有水，风景优美，再加入老板的创业故事，一个绝佳的 IP 就这样被打造出来了。对于这样的"爆品"，价格因素已经变得不再重要。你的产品比竞争者定价低，但是故事讲得没人家好，也未必能够吸引更多客户。

与此同时,4C 中的消费者因素也被重新洗牌,无所谓什么细分人群,只要有人发朋友圈说这个地方好,即使你不是民宿爱好者,但是看到朋友的用户体验,很可能也会心动。这种在交互过程中传播信息的营销方式,是以往 4C 营销模式根本无法企及的。

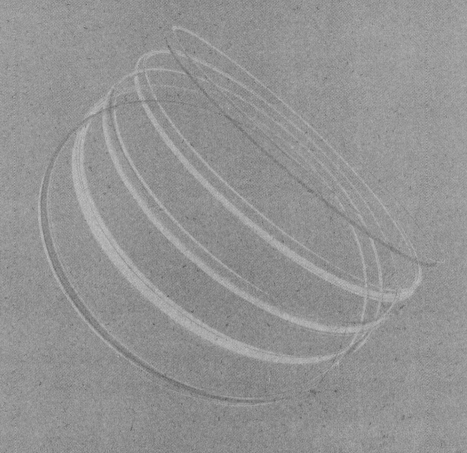

/第三章/

娱乐也是生产力

每家成功的公司都爱玩

王思聪穿着可爱的小白狗玩偶外套,被网友拍到在麦当劳大口吃汉堡。小甜甜布兰妮早前也曾被拍到情人节和男友到麦当劳买快餐吃。随性男孩林更新,经常被人发现在麦当劳大咧咧喝可乐,吃汉堡,玩手机。

明星如此钟爱麦当劳,草根大众更是经常在麦当劳的点餐台前排长队,可见麦当劳的魅力之大。

为什么大家这么热爱麦当劳?

餐点好吃当然是一方面,更重要的是麦当劳品牌提供的"快乐"理念已经深入人心。这是基于人性层面的成功营销胜利。要知道,任何营销模式,一旦触碰到了人性,其引燃的力量将是无限大的。

全球30%以上的麦当劳餐厅都设置了儿童乐园。孩子们拉着爸爸妈妈的手走进麦当劳餐厅,在这里玩滑滑梯,玩城堡游戏,开心至极;年轻人结伴在麦当劳度过舒适惬意的闲暇时光;最后连七八十岁的老爷爷、老奶奶也开始走进麦当劳,甚至会高高兴兴地去点上一份可爱的"开心乐园餐"共享。麦当劳小丑就这样变得无人不知,无人不晓。

再来看看除了开快餐店,麦当劳都在人性的求新、求奇层面,忙些什么吧。

电影《阿凡达》开启3D大片热潮时,麦当劳就玩出了有趣的3D画展。中国首位3D街头地画艺术家齐兴华,创作的巨幅立体地画《叩开快乐之门》在成都万达广场分外惹眼,作品将麦当劳"快乐"的品牌理念以颠覆传统的方式表现出来。这让不少"麦迷"惊叹:"老麦"太能玩了,都玩出立体了!

直至今日仍热销的麦当劳"开心乐园餐",用在套餐中赠送玩具的营销理念,吸引了一批又一批小朋友，很多 80 后、90 后都是追着麦当劳玩具长大的。据统计，麦当劳每年通过全球 3.5 万家门店向外输出 15 亿只玩具。

2016 年麦当劳在广州的"奇趣玩具展"，用直播的形式"火"了一把。各路动画明星齐上阵，全球珍藏的 2530 件玩具亮相展览。这开启了不少年轻人的麦当劳情怀，他们纷纷利用移动设备，在屏幕上穿越回童年。"奇趣玩具展"既是对"开心乐园餐"的回味，又将"食玩"理念进一步升级。

此外，麦当劳的"奇趣直播"活动，让粉丝可以通过"互联网＋"感受到动画明星的魅力。这次活动让儿时的玩具变形金刚、凯蒂猫、樱桃小丸子与最时髦的直播联袂，麦当劳还专门邀请直播平台 YY LIVE 的当家人气主播助阵，这样的直播让众粉丝心花怒放。

与此同时，麦当劳的"麦麦全席"也人气爆棚。主厨是 85 后"小宝君"魏瀚。他于法国蓝带厨艺学院毕业，因参加东方卫视真人秀节目《顶级厨师》脱颖而出。麦当劳凭借魏瀚的高人气，精选健康优质食材，创造出 9 道料理，提供 150 个试吃席位，通过网上报名海选，请粉丝吃麦氏大餐。这场厨神偶像加麦当劳美食的娱乐气场十足的创意组合饕餮盛宴，让粉丝很是享受。

麦当劳讲述其创始人雷·克罗克的故事，也不拘泥于传统方式，而是直接走娱乐路线。2016 年 8 月初的电影《创始人》，讲述的就是麦当劳鼻祖怎么雄心勃勃又乐趣十足地"玩"出了麦当劳。

正如麦当劳 CEO 常说的那样："我们做的不是餐饮业，是娱乐业。"这就是麦当劳，一家"玩心"极重的跨国餐饮巨头。当然，麦当劳"玩"出的效益，也令同行艳羡。截至 2015 年，麦当劳在中国已经有两千多家餐厅，中国已成为其全球第三大市场。

可见，娱乐也是生产力。企业只有一颗想"玩"的心灵远远不够，还必须要会玩，要善于利用娱乐生产力。只有玩到"点"上，才能真正玩出乐趣，玩出吸引力。

成功的娱乐营销有五个非常重要的标准：

第一，与消费者"心连心"。即企业非常了解自己的目标顾客，能够提供满足他们心理需求的产品和服务。

第二，娱乐创新。即企业善于带着大众一起"玩"，在"玩"的内容和形式上都非常新颖，参与娱乐营销的大多数人都非常开心。

第三，消费者参与性强。即顾客愿意参与其中，乐在其中，同时愿意"呼朋引伴"共同加入"玩耍"的行列中。

第四，时刻抓住消费者的心。即企业对娱乐营销的各个进程都能有效控制，不会出现"玩大了"的情况。市场，消费者，甚至竞争者，一切尽在企业掌握之中。

第五，深入挖掘媒体力量。即运用一切可以运用的力量，善于引导舆论，将媒体资源充分整合，第一时间占据传媒舆论高地。

更重要的是，会"玩"的人，向来都是领着别人"玩"。向来都是他说"玩"什么，别人就跟着"玩"什么。对于"玩"的诉求要直抵人性。跟在别人屁股后面"玩"的人，不算真会"玩"。企业也是一样。只有"玩"别人没"玩"过的，"玩"出新花样，更能"玩"转新领域，让更多的人想跟着一起"玩"，这才是真正的"玩家"。

苹果的移动设备为什么使无数"果粉"竞折腰？乔布斯是真会"玩"，他深知人天性喜欢简单、便捷、多功能的事物。有的两三岁孩子，看父母操作几遍苹果手机、平板电脑便已经能够上手，有的则直接无师自通。四五岁的孩子，拿着苹果手机能直接打开优酷看动画片的不在少数。

据说未来苹果又将跟近视眼这件事情"玩"。很多爸爸妈妈不是担心孩子看手机，会把眼睛看坏吗？苹果计划为用户开发一个根据人眼调焦距看清屏幕的技术。如果这项技术取得成功，近视眼根本就不成问题。摘下眼镜，裸眼就能看清苹果手机屏幕上显示的所有信息。有专家指出，如果这项技术被苹果手机广泛应用，许多眼睛近视的消费者可能会更加依赖苹果产品,这产生的连锁效应,简直可以用"恐怖"来形容。

还有一项非常基本的人性,也很值得"玩","玩"好了同样能成功。那就是"懒惰"。

看看我们勤劳的快递小哥,每天挨家挨户送着大包小包的快递包裹。淘宝、天猫、京东、苏宁易购等众多网购平台,日平均成交量是实体商家所不能比的。

京东商城,快递快是出了名的。特别是自营商品,用户用智能手机在京东客户端上下单,很可能当天或者第二天,快递就能送货上门。如果嫌网上付款麻烦,京东快递小哥还会自带刷卡机,做到货到付款,上门刷卡。

在自营商品退换货环节,京东更把消费者宠"懒"了。当商品出现问题时,用户想退换货,如果懒得快递回去,也懒得送去自提点,口碑极佳的京东快递小哥会主动上门给用户拿回来,符合退换货要求的,京东会再发一件全新的商品给用户。

京东老总刘强东告诉我们,京东采用的是"仓配一体"模式。京东不是做物流的公司,但京东却把自己的物流做得低成本高美誉。商品从工厂生产出来之后,直接进京东库房,然后从库房直接配送到消费者手中。自营商品没有什么代理商、经销商,降低了企业成本的同时,消费者还能以低于实体店的价格便捷购买到商品。快速、高效、优质的京东物流,让消费者"懒"得开心,也"懒"得放心。

动动手指就能买到好东西,还送货上门。与逛街跑断腿,最终东西还要自己背着、扛着、抱着拿回家比,用户会选择哪个?

又比如百度搜索,想知道什么,只要在搜索条中键入关键字就行。就算是用户的关键字输入得不全面,百度的模糊搜索功能,也会向用户推荐和纠错相关内容。因此,除了触犯法律法规的,几乎没有百度搜索不出来的信息。

用户越"懒",越想犯"懒",企业就越要想方设法勤奋。让消费者充分享受"懒惰",这是一种让多数人赞不绝口的用户体验。

娱乐营销必须站在人性深处,深挖"玩乐之事"。每家成功的企业都爱玩,能玩,会玩。把"玩"这件事上升到经济高度,充分将娱乐也是生产力的理念发扬光大,让消费者跟着企业"玩"得开心快乐,有被尊重、被深爱的感觉。消费者便很可能永远跟着你,对产品忠诚。

物质经济的小时代:买的不是商品是体验

早前在电影中植入广告,多数只给商品一个特写镜头。可口可乐的饮料罐在电影中一闪而过,奔驰标识在飞车镜头中停留两秒。然而在越来越注重用户体验的今天,电影中的植入广告已经不再只是短暂的特写那么简单。

周星驰电影《美人鱼》中连广告植入都有浓重的无厘头风格。影片接近尾声时,就植入了"58同城"广告。邓超扮演的男主本来十万火急,赶着去救美人鱼。可此时电影却偏偏节奏放缓,男主竟然和穿着"58同城"工作服、赶着去做美甲的电车小妹演起了对手戏。就算富豪男主送车送楼,"58同城"小妹也坚守工作岗位,坚决不借自己的电动车给男主。这对故事情节竟然也起到了推动作用。

《美人鱼》中手法独到的广告植入,引发了众多影迷之间的口水仗,也创造了30多亿元的高票房。

电子商务和互联网营销资深研究者吴声写的《场景革命》一书,对娱乐营销很具启发性。书中指出,今天的商业模式和生活模式已经完全改变了,场景在这其中起到了核心应用价值。我们拿起智能手机,拍摄一切有趣的事物,我们用图片来说明问题,展示生活,然后我们会习惯性地使用微信,发朋友圈。这就是很具时代性的场景。

人真正成了最大的分享主体。

吴声说："当我们看到一个故事，被这个故事打动的时候，我的痛点就变成了它基于这个场景的解决方案。"

商业追求的根本，必然是经济效益。越来越多的人腰包里开始"不差钱"，可对商品的要求也日益增高。高质量的用户体验变得前所未有的重要。

将学习成本降至最低

有英国权威机构对全球 122 个国家进行了调查，发现成年人中有三分之一的人缺乏运动。这意味着你身边三个人里，至少有一个人喜欢天天坐在电脑前玩游戏、看视频，或者是窝在沙发里看电视。

科学技术的"光速"发展，让们的生活变得轻松简单。化繁为简，操作方便，是很多科技创新的前提。可是，被简化了的生活，乃至人生，催生了无数"懒人"。文字精简的微博，令篇幅冗长的博客逐渐走出人们的视野。色彩识别度高的图片又令文字陷入尴尬。"懒人听书"有声阅读应用软件，更让人的眼睛偷了不少"懒"。

总之，今天的诸多用户体验，都在想方设法让消费者"偷懒"。

苹果公司在探讨其营销模式时就指出，良好的用户体验至关重要，必须将用户的学习成本降到最低。碎片化时代，企业要开发出用户操作简单、易上手的学习软件，这样用户在购买产品后，才会对企业赞不绝口。

"傻瓜模式"被许多娱乐营销广泛应用。《最强大脑》热播期间，红牛身为赞助商，专门根据节目推出"找茬"广告。可这"找茬"实在简单，根本就是三岁小孩玩的找不同游戏。比如在公交车站台上贴出两张乍看上去一模一样的北京国贸夜景，配上"左右两边只有一处不同"的文字，让人们充分利用候车时的碎片化时间，在广告图片上玩"找茬"游戏。同时,还邀请微博上的意见领袖们,做些 KOL① 助推,便创造了绝佳的传播效果。

无论我们是否愿意承认,但人天性喜欢犯懒,这是事实。把犯懒转化成绝佳的用户体验,消费者因为掏钱购买了体验,犯懒也犯得心安理得些。同时充满创新的用户体验,因为打上了现代科技的烙印,懒这件事变得不再那么有负罪感。

细节决定快乐指数

有着较好品位的消费者,要求商品质量好,要有高性价比和"占便宜"的感觉,还要与产品互动,等等。大而化之的用户体验,在有要求的消费者看来,必然是粗糙的和不受待见的。

细节处理得好,能起到因小见大的效果。日本人就是极其注重细节的民族。到日本旅游,以简单的上厕所为例,游客会发现基本上每个厕所都配备了智能马桶盖。舒服的坐垫,便后温水冲洗,让游客觉得上个厕所都被照顾得这么周到。毫不夸张地说,这甚至一定程度上带动了智能马桶盖的消费热潮。

细节决定成败,良好的细节处理是精致的体现。如同读者看一本书,如果上面错字连篇,读者的阅读体验也多半是糟糕的。可是如果这本书印刷精良,包装精致,还送了书签或者明信片,这样拿到书籍的直观体验就很好。阅读过程中,读者翻阅着一张张质量极佳的纸张,闻着油墨清香,感受着作者于文字间飞舞的才思,阅读才能真正称之为享受。

这也是为什么,很多真正热爱读书的人,绝不会去向路边摊的廉价盗版书妥

---

① KOI(Key Opinion Leader),关键意见领袖,指拥有更多、更准确的产品信息,且为相关群体所接受信任,并对该群体的购买行为有较大影响力的人。

协,而是宁愿花高出两三倍的价钱买正版。因为体验是有附加值的,它是在满足人们物质需求基础上,建立起来的精神层面的享受。

同样是吃一碗牛肉面,以"轻奢餐"为卖点的雕爷牛腩,吃面触碰嘴巴的碗边又滑又薄,面碗上还有一个"拇指槽"和一个放置勺子、筷子的凹槽。这样的细节,让食客吃面的同时还有充分被照顾的感觉。嘴唇接触碗边,美味面条与食具融合出令人享受的快感,喝面汤时,更不至于被手里拿着的勺子、筷子戳到脸。细节做得如此周到,也难怪娱乐圈和美食界名流,在雕爷牛腩开业前的半年"封测期",以收到其"封测邀请"为荣。

如今的消费者需要更多精神层面的满足。良好的用户体验直指精神核心,细节则是用户体验的亮点,能令商品被注意,被重视,被大众追随。消费者也因商品的细节被打动,更有极大可能诱发出新的购买需求和购买行为。

用户体验"微创新"

有位姑娘,有天收到一位开着 MINI Cooper(宝马旗下的一款车型)的外国俊男送的玫瑰花,但他并不是姑娘的男朋友,不要误会,这外国小伙子是位很高端的鲜花快递员。他的雇主是一家名为 roseonly 的高端鲜花珠宝定制品牌,这个品牌的理念是"一生只送一人"。

用户在该品牌注册,指定收礼人,这个人就会成为该用户此生在 roseonly 的唯一收礼人,不能再被改变。"信者得爱,爱是唯一",这是 roseonly 独到的品牌主张。如此有趣的规则,受到娱乐圈内不少明星热捧。"乃爸"贾乃亮就曾在情人节送李小璐 roseonly 的朱砂红玫瑰;林志颖向陈若仪求婚,也选择了这个品牌;汪峰让章子怡感动说出"我愿意",就是用 roseonly 打造了百万求婚派对。

同样是卖花,roseonly 恰当运用"微创新",于做好鲜花质量的基础上,在用户体验处要了不少"小心机"。让用户的指定收礼人被尊称为"唯一",这是爱情世界里的最高殊荣。再配以严格的规则监督,以及高端的配送服务,让送花的人有面子,收花的人有惊喜。于是一朵玫瑰花卖到三四百元,也有不少人愿意购买。

"微创新"强调在用户体验的"点"上创新。企业不用过多颠覆传统,只要在那些细微的、重要的地方创新,将其付诸实践,就会有实效。如同时下美容行业流行的微整形,不用在脸上大动干戈,只是做稍许调整,整张脸就会有亮点。

巴西的可口可乐,就曾在条形码上做了些文章。其他商品在超市支付扫描条形码时,都是清一色的"嘀"声,但可口可乐对条码系统做了改装,竟然在扫码时能"噔噔噔"地唱歌,用户的付款体验很愉快。用户再一次被这"屹立"多年不倒的饮料大牌所折服。

步子小,跑得轻快。"微创新"对于企业来说,最大的好处是小投入,低风险,高回报。对于消费者来说,就是一个接着一个的惊喜。有喜悦时时相伴,这样的用户体验岂能不美好?

海底捞经常会向自己的员工征集"小点子",进行服务微创新。百度、谷歌等互联网企业,会通过用户使用情况研究搜集信息,对搜索等多项服务进行不断改进,推陈出新。"微创新"因为是轻便型的整改,所以任何时候都可以进行,而且对于用户需求能很好适应,灵活性强,对于任何变化都反应迅速。

在以物质经济为背景的时代,企业必须意识到,消费者向你购买的不单纯是商品,万万不可忽略用户体验。企业把用户照顾得多周道,都不为过。

极致,是一种近乎完美的用户体验。即便企业有时深知,用户已经很满意了,可还是要想方设法让他更满意。正如到餐厅用餐,菜品是顶级厨师"手笔",味道无可挑剔,服务员也提供了贴心细致的服务。可如果在消费者用餐后起身离开时,餐厅经理还要再征求一下意见,即便消费者觉得对方做法多余,可回味起来,这种被重视、被尊重的感觉,也确实令人舒服。

娱乐营销经常讲用户至上。拿用户什么至上?当然是体验。把用户奉为"大神",让他每次花钱都觉得享受。这样无论是资金、传播媒介,还是商品自身,都会在良性循环中良性发展。

娱乐化思维:互联网思维的另类演绎

做成一件事情,"思路"很重要。"思路"错了,任你怎么折腾,就算是花样百出,也是全盘皆输。如果"思路"对了,进展起来就顺利多了。

互联网的世界,碎片化信息波涛汹涌,做营销,一定要有娱乐精神。或者更确切地说,企业要用娱乐化的思维去做营销。这是互联网思维的另类演绎。它充分利用了网络平台的开放性和参与性,同时又充分迎合了大众,尤其是年轻人求新、求奇的口味。让一切都让人感觉轻松愉快,乃至狂热与迷恋。买卖双方自得其乐。

通常我们推广一部影视剧,会请演员、导演等做些剧透,又或者是推出精彩剧照。然后随着影视剧的播出,主创人员相继在访谈节目、综艺节目中露面,号召大家支持该剧。再就是演员会出席些赞助商的宣传活动,和影迷见面等。基本模式大致如此。

可 HBO(Home Box Office,总部位于美国纽约,是有线电视网络媒体公司)吸血鬼题材美剧《真爱如血》的推广营销却别出心裁,卖起了饮料——这种饮料看上去红得像血。同时出品方还推出了关于吸血鬼权益的公益广告,更有关于吸血鬼是否应该显露身份的争论视频在网上广泛传播。据说此前还有很多喜欢吸血鬼故事的博主收到了红色饮料和"死亡信息",被引导去登录一个网站,这个网站声称非吸血鬼勿入。

整个营销过程对于《真爱如血》只字未提,而是在观众群体中引入了一个关于吸血鬼的传说故事,进而引发新的吸血鬼话题热潮。人们对于营销制造的吸血鬼话题津津乐道,喝着"血液饮料",讨论着吸血鬼的权益,就这样一步步被娱乐营销吸引着,待《真爱如血》开播,关注度自然飙高。

可见玩转娱乐营销,很大程度上在于要会编故事,会讲故事。把故事讲得生动有趣,这是功力,也是定力,同时还要有一颗能玩会玩的心。以娱乐营销的思维,玩转娱乐经济,把大众的兴趣点和关注点拿捏得当。

"无厘头"当道

周星驰电影自然是开"无厘头"先河。说着不着边际的台词,高明地将风马牛不相及的事物联系在一起,电影里的男女主人公或正经得很疯癫,或疯癫得很正经,完全不像正常人;说着不明所以的话,做着搞笑的事情,却又随时可看到正常人的影子。与"无厘头"沾边的人物,居多脸皮厚,很世俗,有颗善良的心。结局也是真爱无敌,喜迎大团圆。

互联网将周星驰式无厘头迅速普及。卖萌、恶搞等等延伸出来的娱乐情怀,让大众乐呵疯癫的同时,也令娱乐营销脑洞大开,找到了充分掘金的机会。

汤臣倍健曾有一个绝佳的"无厘头"广告,叫《清朝公主为什么这么丑?》。广告大致讲的是时下什么都要看脸,大眼睛,白皮肤,瓜子小脸,这是大众的审美标准。可是清朝时期的公主实在不能看脸,主要原因就是近亲结婚,越近越丑。

然后广告提出了两个混血美女的看脸实证。一个是美国和越南混血美女Maggie Q(李美琪,美国好莱坞女演员),一个是中国和德国混血美女 Angelababy(杨颖,中国影视演员、歌手、模特)。但接着内容就很无厘头了——广告直接给出了结论:在我们这个看脸的时代,近亲不好,全球国际范儿才美。汤臣倍健就是全球化的不二之选。

泰国有一个天花板广告也非常值得一提。广告用 50 秒的时间,向我们讲述了一个凄美的爱情故事。正当我们跟着故事情节即将凄然落泪时,广告告诉我们,他们的天花板很结实,不会有裂缝。整个凄美的故事,原来就是为了突出一个"裂缝"的诉求。这太让人感到意外了。

"无厘头"的最佳效果就是,有人惊呼太扯,有人大赞好想法。娱乐营销的受众即便是被广告绕来绕去,最后绕到主题才恍然大悟被忽悠了,还是会因为觉得好玩而在微信、微博上转发。

这绝对是种高超的娱乐思维。那些"牵强"联系在一起的要素,在想创意时不知费掉了主创人员多少脑细胞,可是却给人留下了深刻印象。

"没玩过"的最好玩

快要"600 岁"的北京故宫博物院(以下简称故宫),也娱乐营销得让人直呼"毒性"甚强。为了适应互联网发展,赢得强大消费实力的 80 后、90 后甚至 00 后消费者,故宫转变思维,一改往日正襟危坐的"皇室"严肃形象,走起了卖萌路线。

故宫在淘宝上开店,意图销售自己的周边小玩意。娱乐营销攻势紧随其后。在故宫官方微博发布的清朝皇帝表情包中,雍正帝的萌贱自拍经典表情很惹眼。此外,故宫发布的一篇名为《够了！朕想静静》的文案,看上去是篇调侃明朝崇祯皇帝生平的故事,实则是篇推销"2016 故宫福筒"的软文,因为福筒具有新年转运功能。

娱乐营销做到这地步,实在是别出心裁。这篇软文又是出示崇祯皇帝朱由检的身份证,又是分析他的心理阴暗面,"调侃"他如何走上自缢之路。得出的结论就是,买个福筒转转运,人生可能就没有崇祯帝那么悲催了。

当然还不只这些,故宫淘宝更在官微上发表了经典的历史人物组图。康熙帝戴着眼镜,拿着玫瑰,又是摆出花朵造型,又是比剪刀手,明显就是在玩自拍;道光帝最英勇,发射光束,摆出奥特曼造型;咸丰帝则满屏出现,又是敬礼,又是打招呼。用故宫的话来说,就是"把一个设计师给设计疯了"。用大众的话来说,就是"吓死宝宝了"。

然而这也仅仅只是皮毛,重头戏在故宫于淘宝上售卖的文化创意产品。朝珠耳机、顶戴花翎官帽伞、陶俑雨伞、"朕就是这样的汉子"折扇、"奉旨旅行"行李牌等,样样堪称"烧脑"精品,经得起互联网娱乐化思维的考验。目前故宫的文化创意产品已超 7000 种,仅仅是半年时间,销售额就突破七亿。

为了推出一款精致的骨瓷杯子,故宫利用自己的官方微信号,发布了《她比四爷还忙》的软文,充分吸引读者眼球。朋友圈被这条软文刷爆了,人民日报也对其进行了转载。杯子瞬间被打造成爆款。

这样的营销功力还只是皮毛。故宫推出的五款 App 应用,至今个个受欢迎。其中的《胤禛美人图》,仅上线两周,下载量突破 20 万。《紫禁城祥瑞》增强了互动性,变得更有趣。当然,更有趣的还在后面。《皇帝的一天》让你在游戏中亲自体验当皇帝的快感。

故宫在没玩过的领域里尽情玩耍,而且实在太能玩了。一波又一波创新不断推出,表情包、新产品、萌文案,每个都让人情不自禁想收藏。2016 年 7 月,故宫在淘宝造物节上的明星 IP"朱八八",其 Q 版朱元璋造型再次引发新关注。网友惊呼,故宫让人"中毒"太深。

敢在不熟悉的池子里游泳,这是勇敢。在不熟悉的池子里不断游出好看的花样,这是聪慧。故宫无疑是勇气与智慧的综合体,让人不禁感慨,姜的确还是老的辣。同时"老姜"智慧也充分向我们证明了一个营销真理,做少有人尝试的事情,把它娱乐化做好,往往就是皇帝剪刀手比"耶"的胜利造型。

独乐乐不如众乐乐

一个人玩是自恋，两个人玩是陪伴，一群人玩，才最有趣。娱乐营销就是要想方设法调动群体积极性，带着一群人好好玩。在消费者广泛参与的过程中，制造消费热点，传播商品信息，收获经济效益。

众乐乐思维，是一项很重要的娱乐营销思维。你必须要想方设法吸引更多人的注意力，让更多人意识到，参与其中是有价值的。你为参与者带来价值的同时，自己收获的也是价值。

ALS 冰桶挑战，是一项关爱"渐冻人"的公益活动。欧美科技大佬比尔盖茨、当红明星和运动员都参与过。随后传入国内，成为我国众多企业大佬和演艺明星追捧的活动。

参与者需要把自己被冰水从头到脚浇遍的视频上传至网络，让公众知晓。然后邀请三名朋友在 24 小时内做同样的事情。如果你被邀请，有两个选择，或者接受冰桶挑战，或者向"肌肉萎缩性侧索硬化症"捐款 100 美元。当然你也可以这两件事情都做。

小米董事长雷军、360CEO 周鸿祎、锤子科技 CEO 罗永浩、百度 CEO 李彦宏等科技大佬，刘德华、周杰伦、吴奇隆、阿杜、撒贝宁、韩庚等演艺界名人，王石、任志强等地产大佬，都相继参加了冰桶挑战。通过此项活动，"渐冻人"被广泛关注，社会各界捐款无数。仅一个月时间，捐款就达到 400 万美金。参与冰桶挑战一度成为流行。

为什么这项公益活动在短时间内就取得了这么好的社会效应？

作为自媒体的代表，网络视频功不可没。活动完全没有地点上的要求，也不用专业摄影师。无论在哪儿，只要准备好一桶冰水，用手机拍视频上传到网上即可。

做法很简单,但意义却极其深远。人们不仅为"渐冻人"项目募得了很多善款,个人的受关注度也飙升,还玩得很开心。许多企业大佬,也因冰桶挑战提升了个人形象。

以往人们做一件善事,往往捐钱给慈善机构,可参与冰桶挑战就不同了。就算是你不捐钱,只是把冰水从头到脚淋上去,也会让很多人为你竖起大拇指。你把挑战视频上传至网络,邀请了你的朋友参与进来,将活动继续传播下去,这获得的实际效果比单纯捐钱更有价值。

这就是今天非常流行的娱乐化思维,也是为什么美国前任总统奥巴马毫无娱乐精神地选择了捐款,却收到了不少人差评的原因。

互联网思维已经在很多人头脑中根深蒂固。由互联网思维演绎而来的娱乐化思维,极其看重创新和参与。越是新奇的、参与门槛越低的活动,越能创造出"众乐乐"的营销效果。

其中最好的方法是,让名人、权威人士带着公众一起玩。冰桶挑战很令人庆幸的一点是,不少名人深知捐款这件事情的重要性,于是很多企业大佬,诸如苹果CEO库克,既选择了被冰水浇,又选择了捐款。他们在带领大家疯狂挑战冰桶的同时,没有忘记募款的初衷。

娱乐营销常常被业界人士称为病毒式营销。用娱乐化思维去营销,把娱乐的精神深入人心。这与粉丝对偶像的疯狂崇拜,有异曲同工之妙。

娱乐营销,我们是玩真的!

娱乐营销玩的是人性,玩的是消费者的真实需求。每一次成功营销案例的推广,触碰到的都是消费者心中最痛、最痒的部分。表面上的浮夸,始终站不住脚,执行不到位，也会被公众吐槽。

正如不熟悉纽约街头文化的索尼公司设计师，曾创作出大量的游戏图画，将其张贴在了纽约各站点。这种做法遭到了人们的嫌弃。有人为这些广告带来的混乱感到厌烦，甚至认为索尼的做法是对艺术的侮辱，扬言将不会光顾索尼公司。

在娱乐化思维指导下的娱乐营销，"玩真的"很重要。玩家要能时时把握消费者需求，创造关注点，对负面评论有效控制和调整，进而创造出"迷恋"的最佳营销效果。娱乐营销没有那么简单，要求在整个营销过程中，将产品内容化繁为简。换句话说，就是做最复杂的事情，呈现出最简单的效果。能让消费者喜欢和开心，就意味着被市场认可和接受。

总统竞选"真"营销

美国前任总统奥巴马参选之初，并不被人们看好。太年轻，黑人血统，经济实力不算雄厚，可偏偏奥巴马及其团队善于运用互联网，精通娱乐营销。

网站和博客，是奥巴马营销的两大利器。奥巴马参与竞选的各项信息，除了通过官方网站和博客发布，还通过其他不同类型的网站传播。同时与受众积极互动，奥巴马团队处理负面信息的速度也一流，并且及时有效。

除此之外，邮件、视频和植入广告这些新营销模式的应用，让奥巴马赢得了许多年轻人的支持。没钱不要紧，奥巴马发邮件向自己竞选网站上的注册用户发起了募捐的活动。凭借选民们的政治狂热，前期竞选资金不充足的奥巴马，在收到大量 200 美元以下的捐款后，也获得了大笔资金支持。

植入广告更让人叫绝。在热门网络游戏场景中，会出现奥巴马的头像、竞选网站链接，以及关于"竞选开始了"的信息。美国 10 个州同时上市这些网络游戏，共有 18 款。这具有典型的病毒式营销特征，年轻选民们只要爱玩游戏，对这些网络游戏稍一触手,便欲罢不能。奥巴马因此虏获了很多年轻选民的心。

年轻本是奥巴马的劣势,曾被不少人质疑。可通过对利用网络的充分利用,奥巴马和他的营销团队竟然将这一劣势打造成了品牌。为了打造专业的形象设计,奥巴马还去上了形体课。在一步步精心的营销下,奥巴马被打造成一个富有魅力和活力的年轻总统候选人形象。以至于他的头像在网络中随处可见时,大家并不感到厌烦,相反还觉得有趣和好玩,甚至把他奉为偶像。

总统品牌形象年轻化,确实是奥巴马的创举,这充分调动了不少年轻人的积极性。原本很多年轻人对选举这件事并不怎么关注,可奥巴马团队把选举营销得太有趣了。让年轻人知道选举开始了,需要他们出钱出力。但这中间却没有任何说教,一切都自然而然,轻松活泼。整个竞选期间奥巴马团队用心良苦,奥巴马的言谈举止也都经过了精心策划。

成功的娱乐营销究竟能带给我们什么?

事实上,收获大把财富未必是最重要的。最重要的,其实是消费者对品牌的迷恋。任何事物,一旦上升到如痴如狂、欲罢不能的境界,那便是赶不走的迷恋。这意味着消费者已经被品牌套牢了,他甚至可能这辈子都会紧紧追随它。正如刘德华的许多"铁粉",就算是偶像已经娶妻生子,都没什么太大关系,"粉丝"依旧会支持他。无论偶像演电影、出专辑、出书,无论做什么,"粉丝"都会慷慨解囊,鼎力相助。

哈雷摩托车是玩真的

哈雷摩托看上去笨重,但喜欢它的人觉得这款造型很拉风。比起高档汽车,哈雷摩托车的安全性要差很多,但喜欢它的人会说,技术好就不是问题。哈雷摩托车真心不好操控,但就是有人愿意为了它努力练就一流驾驭能力。有人爱哈雷摩托爱到将品牌标识文在身上。这绝对是挚爱的表现。哈雷车主俱乐部的80万会员都具有极高的忠诚度，这其中很大一部分要归功于其娱乐营销做得好。

如果仅仅把哈雷摩托看作是一辆摩托车，那么它对同类产品很难构成竞争力。哈雷摩托老总深知这一点，认为没有谁能把一款摩托车卖出太高价格。可如果卖的是生活品位，是哈雷精神，那其中的意义就上升了。比如用户可以按照自己的需要改装哈雷，为此厂商还专门提出了"打造你的专属哈雷"口号，鼓励人们按照自己的意愿去改装，并为顾客提供改装服务。

此外，哈雷还将自由、叛逆、不屈不挠等娱乐精神融入品牌，为此哈雷摩托还发行了自己的杂志《狂热者》。用文字来和哈雷迷沟通，也是对品牌理念的更深入挖掘。

哈雷摩托车从来都不认为自己是卖车的，而是贩卖快乐的。因而营销过程中总是能够想出很多有趣的娱乐点子，就连拍照都能做文章。哈雷摩托车造型太酷炫了，很多人喜欢和它合影留念。于是哈雷摩托车推出了肉眼看不到，拍照后却能在照片背景里看到的哈雷摩托红外线广告。大家觉得好奇，拍照后又会在朋友圈里分享，广告效果可见一斑。

娱乐营销要实现好的效果，需要明白消费者需求，将品牌人格化，在消费者和商品之间建立通路。更要运用好多元化的媒体，尤其是微信、微博以及网络视频等自媒体。当然更重要的是，娱乐营销是追求实际效果的，必须有可观的经济收入作为支撑。

这一切都必须以务实和脚踏实地为基础。

创意无限，花样百出，其背后是无数次的"烧脑"。只会嘴上说说只是玩票性质，在娱乐营销领域是非常不娱乐的。

将娱乐融入营销的过程中要分外小心。碎片化时代，竞争异常激烈，商家需要拿起娱乐的真刀真枪,跟竞争者好好打一场营销硬仗。这场仗如果打得漂亮,商家赢得的,将会是消费者对于品牌的狂热追随。这是最无价也是最有价值的娱乐营销结果。

没有微信你会跑马拉松吗?

马拉松,吸引着越来越多的人加入。

现在全国能跑全马的人在四万至五万人左右,并且以每年70%至80%的速度在增长。为什么马拉松运动会这么火爆? 毫不夸张地说,这里面有微信传播的功劳。

如果你不在朋友圈晒马拉松的图片,那么马拉松也可能不会这么流行。很多朋友看到你在朋友圈晒图,看到你跑,他们便也去跑。你在微信上看到身边五六个朋友都在跑马拉松,那么你可能也想去跑。这个影响力非常大。

成都双遗马拉松,在世界文化遗产都江堰开跑。赛道很经典,首次连接了世界文化遗产都江堰和青城山,以及世界自然遗产都江堰赵公山四川大熊猫栖息地。由于成都双遗马拉松赛道独特,沿途风景优美,吸引了不少马拉松爱好者的注意力。就连跑马拉松的"菜鸟"们,参与积极性也被充分调动。

微信,尤其是微信朋友圈,在传播此项赛事信息方面功不可没。大家争相转发关于这次马拉松的各种信息,从装备、赛道周边,到补给、医疗点、奖牌等等,与马拉松有关的图片和小视频在微信上随处可见。很多人的微信朋友圈被马拉松刷屏。全国各地热衷于运动的人们得知马拉松的消息后,蜂拥而来。成都双遗马拉松带动了全民参与热潮。

如果跑完马拉松,不发朋友圈,你是否能够做得到? 在全世界最知名的赛道跑完了全马,跑完了半马,但是绷着不发朋友圈——这太需要定力了,很少人能够做到。甚至可以说,我们是为了朋友圈跑马拉松的。坚持跑步,将跑步路线和照片发到朋友圈,得到几百个赞,这太有成就感了。

如果没有人关注自己,很多人可能就不想跑了。

2016 年,大约有三万人参加该年度的成都双遗马拉松。就是这三万人,在参与马拉松之余,制造了很多惊人的消费数据。

一场马拉松,消费掉了将近 4000 斤香蕉和 9 吨火腿肠,喝掉了大约 100 吨矿泉水。① 很多体育装备热销,大众积极参加马拉松,甚至还推动了成都旅游业迅速升温。餐饮业销售额猛增,交通也迎来了小高潮,住宿业更是被这场马拉松"炒得火热"。据说成都不少景区,游客量也因此暴增。

体育赛事,向来是娱乐营销里的"三高"项目:高回报、高人气、高附加值。2012 年的伦敦奥运会,让英国后续赚了大约 240 亿美元。马拉松与奥运会相比,虽然也是规模庞大的国际赛事,但马拉松的举办和选手参与门槛都相对较低,体育装备投入少,各项专业性要求没有奥运会那么强。

就算你是未经专业训练的"菜鸟",但只要有运动热情,就可以报名参加。不少马拉松参赛者跑完半程和全程,获得了极具纪念意义的奖牌,于是在微信朋友圈大晒特晒。例如 2016 年的成都双遗马拉松,奖牌就是萌感十足的熊猫造型,引起了很多人的关注。

马拉松被不少娱乐营销业界人士看好,因为它低投入、高回报。大家都来参加马拉松,都在朋友圈中晒马拉松,仅仅是通过微信朋友圈就实现了很好的实况转播效果。参赛者自己甚至就是马拉松的报道者。不用转播车,不用专业摄影师,仅凭

---

① 成都双遗马拉松今日开跑,73 支跑团 3 万人参赛.华西都市报,2016-03-27.

微信和参赛者的慧眼,发现与马拉松有关的每个细节,在朋友圈上发布,简简单单就把马拉松"炒热"了。这在没有微信的时代,是无论如何也难以实现的。

就这样,马拉松将品牌、广告、公关、活动等有效整合。城市为马拉松的举办提供了一个大平台,要赛道有赛道,要场景有场景。运营商、赞助商、媒体,你方唱罢我登场。群众参与其中,享受着马拉松精神,以及赛道沿途风景和文化氛围。

单就马拉松比赛而言,人们参与其中,势必要经历漫长的旅程。赛道沿途风景再优美,无人与自己分享和互动,很可能会让人感到寂寞。

可有微信就不同。参赛者能把自己赛前、赛中、赛后的各种情况,通过微信发布。朋友圈里都是熟人,点赞的,加油鼓劲的,正能量永远只多不少。

有心理学家指出,微信朋友圈把用户所有的朋友聚合成一个"虚拟朋友"。这个"虚拟朋友"多数时候是友好的、知识丰富的,24 小时不休息。

从这个意义上说,马拉松漫长的比赛历程,令微信成为参赛者的必备品。

当然,即使你没参赛,只是围观"打酱油"的,看到朋友圈里都是关于马拉松的信息,恐怕也不免评论两句,转发几条。再加上主办方专门利用微信推广,请号召力极强的明星或意见领袖在朋友圈发布有趣的马拉松段子,或者是官方发布的马拉松注意事项,这场比赛通过微信人尽皆知。

微信朋友圈的辐射力量不可小觑。就拿一个人的微信上有 100 个好友来说,你在朋友圈上晒一条关于马拉松的消息,针对的便是 100 个人。这 100 个人中,哪怕只有 10 个人将你的消息转发出去,按每个人有 100 个好友计算,一次转发行为,传播面就扩大了 10 倍。关键是,这种传播是随时随刻、自发进行的。不像传统媒体那样,需要在规定的时间推广,看到信息的人数也受限制。

这是以点到面的传播,其传播效果不亚于通过广告狂轰滥炸的"地毯式宣传"。

我们完全可以很乐观地说,微信朋友圈传递的信息,传播受众数量是没有上限

微信朋友圈辐射图

的。当然更重要的是，这种传播效果立竿见影。你刚发布一张马拉松图片，可能就有好友看到为你点赞。短短十分钟，收获数条评论，也是很正常的事情。

赞助马拉松的企业更大爱微信。成都双遗马拉松的阿迪达斯选手参赛服，重庆国际马拉松的特步和长安汽车标识，被选手和观众在微信上一晒，便起到了很好的宣传和推广作用。细数时下丰富多元化的媒体，还没有哪个能够像微信这样，以极低投入换得如此之高的品牌曝光率。

城市因马拉松火了，马拉松因微信火了。赛后各方坐收渔利，跑友直呼"开心"，赞助商大喊"满意"，城市则更是进行了一次很好的形象宣传。不用拍宣传片，跟着马拉松路线，便可领略城市无尽风光，城市旅游业也随之走热。

难怪有业界专家认为，马拉松营销倡导的是"分享型"经济。微信让每个人都可以把马拉松拿来分享。同时，马拉松营销之中有一条稳固的利益链。政府、企业、参赛者、观众、媒体等，各个主体都愿意把马拉松办好，从而收获自己的利益。

站在传统媒体的角度，微信晒"红"了马拉松，不仅没有对传统媒体构成威胁，反而提供了不少话题点和新闻素材。微信上广泛传播的文字、图片、小视频，都被电视上的新闻和评论类节目，以及报纸、杂志广泛挖掘和运用。大众传播的信息量远大于传统的新闻记者。

时尚集团的"向上马拉松"活动更是群星闪耀,为微信朋友圈提供了更多好题材。活动将时尚与马拉松的体育精神融合,跑马赛道被搬进了城市的摩天大楼内。你要用跑马拉松的身姿和步伐,去向上登顶。

这是一种全新的"垂直马拉松"概念,在全球非常流行。

2015年,唐嫣、李晨、胡彦斌、谢娜、周韦彤等众多明星,参加了在北京国贸举行的"向上马拉松"活动。众明星带头冲刺,跑上顶点——330米的国贸三期。电梯被忽略,楼梯成大爱,"向上精神"被推崇。

以往,在爱美女性群体中流行的爬楼梯减肥模式,如今成了大众化的马拉松。

从娱乐营销的角度来看,这么创意、时尚、星光熠熠的马拉松,参与者难免会发朋友圈分享。唐嫣跑马时的曼妙,李晨跑马时的健硕,谢娜跑马时的认真,明星也好,粉丝也罢,发微信证明了自己的参与,也彰显了时尚的前卫。

国贸三期只是首站,时尚集团还要带领众星和大众去挑战七座摩天大厦。一系列的"向上马拉松"公益赛事,通过明星微信,降低了时间成本,却取得了很好的曝光率和关注度,粉丝则不辞辛劳地在微信朋友圈进行传播。这在娱乐营销领域,堪称开拓创新。

总的来说,微信对马拉松有两个非常重要的作用。

其一,造势。由于马拉松具有全民参与性,同时通过微信朋友圈对信息的有效传播,马拉松能够产生覆盖面极其广泛的影响力。参与者在整个过程中,尽管有体力上的消耗与疲劳,但身心是愉悦的。这符合娱乐营销的本质。

其二,大众效应。马拉松极其注重人群价值。所谓"人多力量大",马拉松调动起一群人参与其中。这些人的"吃喝玩乐"能带动消费,并且是大规模的消费。这对企业、城市发展,乃至整个经济建设,都非常有利。

成都双遗马拉松,重庆国际马拉松,北京国际马拉松,上海国际马拉松……很多城市都热衷举办马拉松赛事。有些企业,也推出马拉松比赛,在倡导马拉松精神的同时,更是对企业形象及品牌理念的一次完美塑造和传播。

正如马拉松的起源故事,雅典人取得了反侵略战争的胜利,为了让故乡父老早点知道胜利的消息,统帅选择了一名跑得最快的士兵去报信,终于胜利的喜讯被不停歇的士兵用最后一口气传达。马拉松"坚持不懈"的精神也被流传至今。这在重视正能量的娱乐营销看来,无疑是最好的借鉴。只是今天,马拉松被营销得更加轻松愉快,极具现实意义,微信的存在更令马拉松营销取得了前所未有的成功。

我们边跑边玩。微信的存在,让马拉松比赛成为一种享受。

/ 第四章 /

系统至上

营销，不止娱乐这么简单！

营销学有句名言"做对的事优于把事做对"。互联网让全民娱乐火得一塌糊涂，也让竞争变得无比残酷。蛋糕虽然被做大了，但较之从前，来分一杯羹的人也变多了。想要带领自己的团队在互联网的浪潮中，于波涛汹涌的娱乐营销领域里，干出点"名堂"，需要找到的，就是那件"对"的事情。

纵然娱乐形式五花八门，想要把产品卖出去，从中赚到真金白银，营销终究才是本质。没有营销的娱乐，毫无目标和章法。没有娱乐的营销，乏味、枯燥，难以吸引大众注意。

因此，真正要做的"对"的事情，就是抓牢营销的钓竿，放出娱乐的线，有创意、有耐心地钓到效益这条市场经济中的大"金"鱼。

"我为自己代言"——娱乐营销的核心

细数各大媒体播放的广告，明星代言早已不再是新鲜事。看惯了明星脸的观众，忽然发现很多企业家活跃于幕前，开始为自己的品牌代言。广告的口味换了，"吃"腻了传统口味的观众，眼前摆了一道新"菜"，充满好奇心地尝尝这"菜"，发现味道不错，自然很开心。这便具有了娱乐效应。

不过更重要的是，企业家代言令企业收获颇丰：稳定的商业回报，良好的口碑，极强的顾客黏性，有担当的企业形象……

为什么近年来企业家代言这么流行，其中的关键是什么？是品牌。

因为品牌是娱乐营销的核心。

品牌被企业家们放大，再放大。消费者从企业家处认识了品牌，熟悉了品牌。

等想要购买类似产品时,如老朋友一般的品牌便极有可能是首选。

例如格力电器董事长董明珠,自己代言格力。央视播放的格力中央空调广告中,还邀请大连万达集团老总王健林站台。一位是家电行业"一姐",一位是地产行业大佬,两位行业巨头一唱一和,暂且不论被观众热议的普通话是否标准,"格力中央空调不用电费,用太阳能!"这一广告宣传语已被人们熟记。

企业家代言的另一好处就是,让品牌显得很上档次,很有信服力。企业家毕竟是业界精英,有着财富、声望、地位优势,由其代言的品牌,给人的感觉就是"稳当"。产品质量有保障,售后服务周到,新品推出可信赖。不少老总在网红的时髦浪潮中,成为大众追捧的"偶像"。

例如陈欧,时下流行的化妆品团购网站"聚美优品"的创始人兼 CEO。

"80后""高富帅""MBA""创业""电影导演",这些陈欧身上的关键字令其闪烁着成功的光环。2011 年至 2012 年,身为公司高管的陈欧,出演聚美优品广告"我为自己代言"系列。"陈欧体"遂在全网流行开来。2013 年,陈欧联手偶像歌手魏晨,继续推出聚美优品升级版的"陈欧体"广告。3.0 版本的"我为自己代言",更显示了商界和娱乐圈强强联手的独特魅力。该广告推出还未满 24 小时,网络点击量便已破百万。

陈欧火了,他被大众视为"80 后"创业榜样,在央视的《创新无限》、天津卫视的《非你莫属》、凤凰卫视的《财子佳人》做节目,在湖南卫视《快乐女声》当评委,《天天向上》当嘉宾,更出品了电影《女人公敌》。

人们经常能在屏幕上看到他,可以说陈欧是曝光率最高的企业家之一,英俊帅气,谈吐不凡。就算是在星光熠熠的娱乐圈,陈欧的风采也依旧不输众多一线男星,更何况他的身上具有极其浓郁的励志色彩。

年仅 27 岁创立了聚美优品,29 岁就登上了福布斯中国富豪榜。这让人们不得不感叹,年轻确实就是资本! 可还是有一些八卦的人,猜测陈欧这么早就积累了丰厚的财富,是靠着背后的老爹富起来的。于是一直靠自己的陈欧,理直气壮地直接在微博中回应:"哥高二就考取全额奖学金留学,此后没花家里一分钱。至于那上网都不会的父亲,没有他的严苛,也没有我坚韧的个性。这,就是他给我最大的财富,我,一直在阳光下。"

不拼爹,拼的是意志和鲜明的个性。陈欧在公众面前既展示了自己阳光帅气的一面,同时爱憎分明的鲜明个性,也令众好友和粉丝力挺。翻翻他的微博,就"王宝强离婚事件"而言,陈欧直白地抨击了那些胡说八道的好事者,表达得有理有力。他的微博粉丝超过 3600 万,也就不奇怪了。

从小就优秀的陈欧,是咬着牙选择勇往直前的完美主义者,做事雷厉风行。陈欧为自己代言,代得确实干脆漂亮。

当然,企业家在幕前忙得不亦乐乎,聚美优品的忠实顾客们也没闲着。2010年 03 月,团美网(聚美优品的前身)上线,到当年 10 月不到一年时间,其月销售额就已经超过 1000 万。2011 年 2 月,聚美优品注册用户达 100 万,3 月时,总销售额实现了一年 5 个亿。2013 年年底,销售额就已经达到一年 60 亿。[①]

2014 年,聚美优品成功上市。在美国纽交所发展史上,像陈欧这么年轻的CEO 还是第一人。聚美优品在经济领域的快速发展,也让其创始人陈欧位居 2014胡润 IT 富豪榜第 16 位。

企业家为品牌代言,就把品牌的企业家名字紧密联系在一起。一荣俱荣,一损俱损。企业家成为网红,品牌自然如烙印般刻在大众心头。人们记住了品牌,

---

① 中国电子商务研究中心.2013 年聚美优品营业额超 60 亿[EB/OL]. (2014 - 04 - 15). http://b2b. toocle. com/detail -- 6166650. html.

认可了品牌，消费便不在话下。这样抓住本质的娱乐营销，是名副其实的成功。

"爱永生"——娱乐营销的灵魂

英文中有许多关于爱的经典说法。"Love triumphs over everything. Love has no age, no limit and no death."翻译过来的意思便是，爱情能战胜一切，爱永生。

爱这件事，是疯狂的，是不计后果的，是相信天长地久的。诗人但丁说："爱能孕育出美德的种子。"泰戈尔说："爱是理解的别名。"不管爱是什么，爱这种情感，与人类相依相伴千百年，一旦爱上，便难以自拔。

以"爱"为主要内容的情感，是娱乐营销的灵魂所在。

如果娱乐营销的高手们，能抓住"爱"这一情感点，抓住人们的情感，那么就可以让消费者主动爱上产品，爱上品牌，而非被广告追着跑，被动消费。

恰如其分地运用情感营销，首先要将品牌人格化。

比如耐克的"Just do it(想做就做)"，不仅是耐克经久不衰的品牌理念，也被很多人视为自己人生的座右铭。

耐克将品牌"人格化"更经典的案例，是篮球飞人乔丹和卡通明星大板牙宾尼兔的广告。广告主题叫作"谁杀了兔子乔丹"。整条广告以篮球场为背景，在地洞里睡觉的宾尼兔被地板的震动吵醒了。宾尼探出头发现有四个人在打篮球，它很生气地抱怨着，谁知却被那四个人当球玩弄。宾尼火了，将他的朋友篮球飞人乔丹呼唤来。只见乔丹酷炫的身姿满场飞，灌篮动作把所有人都震住了。这段广告像一部有趣的卡通片，描述了一段乔丹和宾尼兔之间友谊的故事，用中国的老话就是"朋友有难，拔刀相助"。

不过，广告中几乎没有出现耐克产品的身影。直到广告将近尾声，才看到乔丹和宾尼兔穿着耐克篮球鞋携手前行。可鞋子并没有特写镜头，产品细节就更不用提了。

耐克广告为什么能有这样的自信？花大价钱请乔丹来出镜，却对产品只字不提。

这其中的主要原因就是耐克品牌已经足够人格化，乔丹和宾尼兔的任务就是吸引大众注意。连乔丹都穿耐克鞋，如果你想买，就到专卖店去看细节吧。

抓住娱乐营销的情感灵魂，要强化消费者的认同感。

如同一对素未谋面的男女，初次见面，如何才能令彼此心生好感，进而划擦出爱情的火花？见第一面时的认同感很重要，包括彼此的人生理念、世界观、价值观等。只有彼此有共同的认知，在很多问题上看法一致，才有可能产生好感，进而滋生出更多情愫。

例如孙俪为超能洗衣液代言。试想，10 位女性中可能就有 9 位经常自己洗衣服，尤其是如孙俪一般为人母、为人妻的女性。于是超能洗衣液推出了"超能女人用超能"的广告语。

代言人孙俪是不是超能女人？

答案是肯定的。演电视剧、拍电影、出专辑、发单曲，还和邓超育有一儿一女。两个孩子的妈妈本就是"超能"的，况且孙俪工作又那么忙！身为成功的女性典范，怎样能把自己照顾好，把家人照顾好，把事业照顾好？全部都兼顾，确实不容易，确实"超能"。

不过环顾周围女性，哪个成家立业的女人不"超能"？只是孙俪比较有名。还有更多默默无闻的女性，为自己、为家庭、为事业，都在不辞辛劳地努力着。

因而当消费者在广告中听孙俪说"超能女人用超能"时，对这种说法多数是认同的。这种认同感很可能会驱使消费者，在超市遇到超能洗衣液，就拿一瓶回家尝试。当消费者发现这款洗衣液去污能力强，护色不掉色，可能就会对它产生由衷的喜爱。

当人们一旦对产品和品牌产生了"爱",便要"出大事"了。

没有哪个"冤大头"愿意自掏腰包购买自己不喜欢的产品。你不爱它,又怎么肯心甘情愿为之付出,确实有人肯出高价钱买自己心仪的小玩意。即便你知道,那东西是天价,买回来极其不划算。可喜欢就是喜欢,过了这"村",就没这"店"。于是为了喜欢的东西,挥金如土的大有人在。

但是,找到强势号召力的代言人,就一定会助力产品销售飙升?"飞鱼"菲尔普斯曾以 2000 万元代言一汽马自达睿翼系列汽车,结果就不尽如人意——菲尔普斯没有给睿翼带来好的销量,更不能让一汽马自达"吃定前三"的豪言壮语落地。为提振销量,上市不久,睿翼被迫推出大幅度优惠。

菲尔普斯的号召力不可谓不强,就尽代言人之责方面,他也是尽心、尽力,与车主零距离接触等活动都悉数参加。

这其中的关键是,代言人与产品之间的黏合度是否足够。

娱乐品牌和产品品牌需要有机结合。品牌和代言人粉丝的黏合度高,广告才是有效的,因此产品必须和代言人有较高的匹配度。如果仅仅只是做一个广告,请一个明星来做代言,事实上是没有用的,必须把品牌和代言人做高黏度的结合。

代言人与产品之间黏合度高,广告才能引起观众的情感共鸣,进而产生强烈的认同感。

在娱乐营销上,充分做好情感营销,收获的将会是长线效应。当然,作为企业,也要对得起消费者的那份"爱"。企业产品质量要过硬,售后要好,品牌可信赖,这样才能够实现"天长地久","白头偕老"。

"孔明借东风"——娱乐营销的方法

有位开书店的老板,购进一批质量不错的儿童涂色书卖。有人买书时会问他有没有涂色笔一起卖。于是,他又进了一些涂色笔,放在书店角落,有人问时,便拿出来给对方。不过涂色笔的销量一直不怎么好。后来,老板的妻子灵机一动,干脆把书和笔摆在一起卖。谁知一箱涂色笔短时间内便销售一空,有人甚至买一套书后,还要额外再买两套笔。原因是,孩子爱画画,用笔比较费,干脆多买点备着。

笔的销售,事实上就借了书的"势"。

在营销学领域,尤其是娱乐营销,善于"借势",往往能够创造出很多意想不到的惊喜。正如当年诸葛孔明巧借东风,火烧赤壁,令曹军大败。今天的借势,恰如其分很重要。或者借助关联商品和品牌,或者借助明星的娱乐公信力,或者借助新闻热点事件,甚至更有高明的借势者,借竞争者的势,同样能够起到良好的营销作用。

百事可乐在娱乐营销方面就充分利用了"借势"这一招。

甜可乐的味道一直都是年轻人的最爱,特别是日渐成为社会中坚力量的"90后""00后",他们爱极了这种味道香甜且气泡丰盈的汽水。当百事可乐的竞争者可口可乐将自己的营销关键字定位为"快乐"时,百事可乐则将目标消费者定位在年轻人群体中,主打时尚牌。

邀请时下年轻人最喜欢的明星代言产品,形成百事群星阵容。不是请一位明星,而是邀请多位明星来助推百事品牌。人们可以在一条百事可乐的广告中看到吴莫愁、郭富城、蔡依林、罗志祥,在另一条百事可乐的广告中看到古天乐和黄晓明。总之,在百事可乐的广告中,总能找到你喜欢的明星。百事可乐还聘请了国际球星如梅西、亨利等参加代言活动。娱乐界、体育界众星强强联合,可谓星光熠熠。

这样的"势"，百事"借"来了，自己便成了年轻人心目中最"潮"的时尚流行典范。

另外，还有借势新闻热点事件，周杰伦做爸爸便是典型案例。周杰伦爱妻昆凌怀孕消息一出，各大品牌便相继坐顺风车借势，对这一新闻热点事件给予了极富"喜感"的回应。

比如大众汽车发布甲壳虫子母车图片，整幅画面洋溢着"听爸爸的话"的愉快音符，暗示小宝宝出生后要好好听周董的话。雪碧则在其饮料瓶的留白剪影上方打出"体验一起承担宝宝的重量"字样，一边向在娱乐圈占举足轻重地位的周董送上祝福，一边借势宣传了自己的品牌和产品。

就连向来走 IT 路线、比较高冷的惠普，这次的营销也"萌萌哒"。用造字工房丁丁体打出"孩子来得太快，就像龙卷风"，并直接@周杰伦歌迷网官方微博。不仅借了周董要当爸爸的势，还直接"点名"周董歌迷。其定向传播威力巨大。

运用娱乐的力量，借势营销，善于"耍心机"很重要。这便如同具备超能力，既要能够预测未来，又要对现在有所行动。反应灵敏，速度至上。谁第一个借势，率先采取行动，谁就可能收获更多。

首先，借势需要预测未来。很多事物到来之前，都有征兆。比如地震即将来临，井水会出现浑浊，鸡犬变得躁动不安。同样，一些娱乐事件在发生之前，也会有"预热"。凭借丰富的阅历和敏感的洞察力，掌握这些"走红"前奏，然后依靠强大的执行力，及时有效制定"借势"策略，就可能成为一个具备前瞻能力的娱乐营销先行者，进而在娱乐营销领域"呼风唤雨"。

在今天移动互联网的大背景下，谁都可能撬动地球，关键是在别人沉睡的时候你睁着一只眼，并且随时准备行动。

其次，借势重要的是执行。德国哲学家约翰·菲希特说："只有行动，才能体现价值。"别光说不练，再好的"借势"设想，只有纸上谈兵都是空想。必须去行动，去有条不紊地执行。从确定借势的"点",到参与其中,向公众展示全程参与情况,以及整个过程的有效控制等,都要有良好的执行力。

无论是情人节巧克力借玫瑰花的势大卖,还是大张伟、鹿晗、张一山、易烊千玺,甚至范冰冰,借着"北京瘫"热词,自黑自娱赢关注。总之,行动必须在当下。

当下执行,还意味着营销者要扛得住来自各方的口水炮轰。知道什么时候"不抛弃不放弃",什么时候"见好就收"。善于"借势",更要善于"见风使舵"。只有真正做对做好了,我们的娱乐营销才是"值得"的。

有报道显示,美国企业特别看重"借势"营销。它们愿意把大量资金投到借势营销上,其总体花费的年增长率超过15%。同时有40%以上的美企高管认为,在借势方面获得的营销回报,远高于其投入。

更加巧妙的"借势",是向竞争者借力打力。从竞争者那里借来势,获得更强悍的竞争力。比如每年的6月18日,是京东商城店庆日。2016年,京东在自己的平台以及各大媒体花重金宣传"6·18"。目的是想要告诉人们,6月18日这天,京东店庆大促,东西特别便宜,让大家赶快上网买。

可没想到的是,6月18日这天,网上的其他电商也"借"着京东的促销风,减价卖东西。消费者把价格比来比去,发现6月18日这天京东上卖的东西也没有想象中那么便宜。于是京东这一做法被一些经济学专家评论为烧了不少钱,却未必赚钱。相反,京东的很多竞争者,在这次"借势"中获益。没怎么花钱打广告,流量、销量却猛增,只是机智地对价格做了细微调整,借势便换来了高回报。

与娱乐有关的三个问题

谈及未来商业逻辑的改变,著名财经作家吴晓波有一个新经济领域"四化"理论："一切商业都将互联网化，一切消费都将娱乐化，一切品牌都将人格化，一切流行都将城乡一体化。"

传统广告模式，是广告加营销。即商家做广告，消费者买，进而形成营销模式。

以前做一块香皂的广告，需要花很多钱树广告牌，再花很多钱做电视广告，媒体把钱都赚走了。消费者看到广告后，也不清楚效果到底好不好。这种营销效果非常有限。

现在的营销模式是，一块香皂生产出来，找一些网红和意见领袖试用，在微博和自媒体上发布用户评论。评论说这块香皂用着很舒服、很好，大家看到了，便要去买。网红的推荐很重要，也有较高的可信度，这比花几千万找一家广告公司做广告要具有更高的性价比。

商家做广告，找代言人发微博传播，消费者买东西，进而形成一个闭环。这是一个与以往不同的模式。

商品、消费者、媒体，三个营销领域里的基础性要素，在以互联网为背景的新经济形态下，究竟要被娱乐营销调剂出好玩的效果？当然这种"好玩"应当是交互式的，不能单纯只是好玩，各玩各的更是要不得。

在整个娱乐营销系统的构建过程中，我们必须首先明确三个与娱乐有关的问题。

问题一：你的商品是否具有娱乐精神？

商品质量好，价格在目标消费者可以接受的范围内，是娱乐营销的基石。好的商品才能制造出吸引眼球的娱乐营销卖点。

不过，商品终究是物质的，就算是你在商品外包装上印有详细的说明，可商品自己终究不会对消费者活灵活现地卖萌介绍。商品或者说是品牌人格化，势必需要娱乐营销在其背后狠推一把，使其具备一种深入骨髓的娱乐精神。

当人们想起或者看到某件商品时，能够愉快地会心一笑，彼此之间有了心照不宣的认同感，这样的娱乐营销效果，便是成功的。

香飘飘奶茶就很具有娱乐精神。

"香飘飘，我盼望，闻到温馨自在的清香……"这首香飘飘奶茶的广告歌朗朗上口，家喻户晓，被不少业界人士称为"魔音"。这首广告歌是当时《老鼠爱大米》的词曲作者杨臣刚为红极一时的网络歌手香香量身打造的。无论是歌词，还是曲调，都太容易被人记住了。听过一遍两遍，就会情不自禁哼唱。

伴随着广告歌的新鲜出炉，陈好出演了香飘飘广告，广告中配以香飘飘"魔音"，起到了很好的娱乐营销效果。陈好身着"香飘飘翅膀"，"香飘飘仙子"形象深入人心。这支广告像艺术片一样也被认为是香飘飘质量最高的广告，代言人与产品黏合度极高。

找网络歌手来唱广告歌，找年轻人喜欢的"万人迷"出演广告，香飘飘最初的引爆点就是聚集了众多年轻人的校园。香飘飘在产品上很具开拓性地把传统奶茶中的珍珠换成了椰果。珍珠奶茶固然好喝，但没有椰果奶茶那么甘甜爽口，Q弹有质感。椰果从口感上让奶茶不那么腻口了，同时还降低了奶茶的热量。这对于喜欢接受新鲜事物的年轻人，尤其是爱美的女生来说，是大爱。

于是我们便看到，香飘飘出现在了学生食堂和超市里。大学生们在寝室里、自习室、图书馆，常会手拿一杯香飘飘奶茶。甚至有男生为了表达对女生的爱意，也会送给对方一杯热气腾腾的香飘飘奶茶，以示关心。

香飘飘要做杯装奶茶的开创者。从"香飘飘一年卖出三亿杯，杯子连起来可绕地球一圈"到"香飘飘一年卖出七亿杯，杯子连起来可绕地球两圈"，这则广告对于许多消费者来说并不陌生。香飘飘还很实在地把装奶茶的纸杯做得比竞争者高大上，用纸更好，这样一杯奶茶就很有档次了。

"香飘飘一年卖出十亿杯,杯子连起来可绕地球三圈"并不是最新数据。就这样,年复一年,数据不再只是数据,数据被娱乐精神点燃,当你每次拿起一杯香飘飘,恐怕多数时候,脑海中会冒出一个地球。

有网友调侃,最近有小行星要撞击地球。不过另一个人马上说,没事,地球外边有香飘飘呢。调侃的段子,把香飘飘娱乐了,品牌也在无形中渗透到消费者内心深处。"中国奶茶之王"就这样在娱乐营销过程中被打造完成了。

这样的娱乐营销极其符合年轻人的口味,让人每次在超市货架上看到香飘飘,首先联想到的就是它的销量,以及朗朗上口的广告歌和广告语。当然,奶茶中 Q 弹的椰果,同样是年轻消费者的大爱——仿佛香飘飘也是时尚并且有感情的,这便是娱乐精神的最好体现。当我们体会到了商品蕴含着的感情,感受到了它的精气神,会对商品本身有更多包容和喜爱。这在娱乐营销看来,无疑是推动消费的至高境界。

问题二:你的消费者能否成为"死忠"粉丝?

娱乐营销究竟是否成功,完全由消费者说了算。例如偶像崇拜一样,无论是天后王菲那般的"高冷范儿",还是郭德纲一般的"草根大叔"气场,只要粉丝喜欢,就会长久追随。同样,消费者们也会跟着娱乐营销的脚步,为商品而疯狂。

消费者变成了商品的忠实粉丝,商品便不愁没销路。粉丝不仅自己心甘情愿为之买单,还会热情地把亲朋好友都推荐来买东西。当普通消费者变成了忠实消费者,变成了"死忠粉",在很大程度上,这些粉丝就成了免费的代言人。

今天的粉丝经济,带动了娱乐经济,带动了旅游、交通等各个领域的发展。小小的粉丝为什么有这么大的力量?

鹿晗粉丝偏爱"三五成群、结伴前行"的特征,应该能够说明些问题。

有媒体报道称,鹿晗粉丝曾排着队在上海与邮筒合影留念,只因自己的偶像鹿晗手扶过这个邮筒照过相。不过这还不算,北京一家医院,鹿晗的粉丝连治嗓子都"组团",有组织有纪律。缘由是他们参加偶像的活动喊口号过度,导致了咽喉炎,于是集体到医院看病。鹿晗的微博,转发量也是惊人,上万、上几十万,都是寻常事。

其中,鹿晗本人的魅力很重要。相貌精致,歌唱得成熟老到,舞跳得既动感又专业,球踢得也很有水准,《奔跑吧兄弟》中鹿晗的真诚人见人爱,在韩国的发展经历还令鹿晗的身上多了几分励志色彩。

不过更重要的是鹿晗粉丝的特征和需求。"鹿饭"以中韩两国和欧美富有"少女心"的女性居多,他们最重要的特征是组织纪律性良好。鹿晗出了新专辑,集体购买;鹿晗演了新电影,集体观看;鹿晗做公益,粉丝成立公益机构支持;鹿晗进剧组拍戏,"鹿饭""组团"为偶像准备了好吃好喝的,剧组其他成员也沾光。就连鹿晗帮别人宣传,粉丝也义无反顾彰显群体力量热捧。

鹿晗粉丝的管理方面,也很有一套。以鹿晗百度贴吧为例,贴吧被分成了诸如宣传组、制图组等多个小组;每天每个小组都有固定的任务;小组有专门的管理员和组长,对任务发布、时间分配、流程、完成情况等各个环节进行管理和监督。

面对贴吧里的水帖、广告帖、黑帖,管理员都会严格删除。同时还要做大量信息整理工作,有些重复的帖子或与帖吧主题不符的帖子,都要删除。甚至对于那些不讨论鹿晗,只是抒发个人情感的帖子,管理员也会做删除处理。连帖子格式不对,都要删除。

移动互联网的世界里,是不分昼夜的。为了保证 24 小时有效管理帖吧,鹿晗帖吧还招募了很多身在海外的"鹿饭"。凭借海外党的力量,与时差死磕,夜间帖就这样被高效率管理起来。

鹿晗的粉丝们,充分利用了每个人不同的工作性质和才能,制作了包括文案、视频、录音、播音、手绘制图等信息，真是"鹿饭"大神各显神通。其中著名的《京城捕鹿播报》，就是由鹿晗百度贴吧视频组的粉丝们制作完成的。论视频的质量和水准，即使放在正规娱乐电台，也堪称佳作。

鹿晗在全国各地的应援站，更是系统化，比如鹿晗御姐团、Han-i 晗爱个人应援站等。很多应援站甚至像一个组织严密的公司，有公关部、媒体部、产品部、市场部。诸如微博、微信上的信息更新等，就有专门的媒体部负责。鹿晗在一个城市参加活动，相应城市的应援站就会有任务启动。有时间的粉丝便会尽己所能，给鹿晗全力支持。

假如企业或品牌能将自己的消费者培养成如"鹿饭"一样忠诚的粉丝，并加以管理、引导，那么企业将立于不败之地。

将消费者抓牢，将其升级为忠实粉丝，商家需要注意以下两点：

首先，与消费者成为"老相识"。

无论商家售卖的是什么商品，真正有意义的营销，都会想方设法多接触消费者，娱乐营销则更是让你与消费者的约会变得趣味十足。不少淘宝店主都争当网红，连王健林、董明珠、周鸿祎这样的高端企业"大咖"，也走到台前做起了网红。商家要变着花样吸引消费者注意，使其产生想同产品接触的愿望。

不要怕与消费者打交道，必须与消费者多打交道。

要知道，你与消费者打交道的次数越多，对于他们的特点、需求就越发了解。当然在这个过程中，你的商品必须有质量保障，你的广告也得做得吸引人，并且你需要设一个娱乐营销的大"局"，让消费者玩得开心。久而久之，你便极有可能赢得消费者宝贵的信任。

如果有天消费者与商品产生了"老相识"的感觉，那么消费者离成为"死忠"粉丝也就不远了。

其次,黏住你的消费者。

淘宝营销专家马涛在其畅销书《淘宝转微商:正在风口》中指出,与淘宝上的传统电商相比,微信上的微商,其顾客黏性更强。

什么是顾客黏性?

以偶像的忠实粉丝为例。黏性强的粉丝,就是对偶像"死忠"的粉丝。无论偶像在哪儿,"死忠"粉丝都可以不远万里来看他。无论偶像干什么,"死忠"粉丝都会先入为主地认可,并给予无条件支持。

百分之百成功的娱乐营销,可以实现消费者对商品百分之百的忠诚。比如你是联想笔记本的"死忠"粉丝,那么你就会随时跟进其最新动态,对于笔记本的性能、生产过程等了如指掌。特别是面对其他品牌的各种"利诱"时,"死忠"粉丝都能做到将其自动屏蔽。

我们可以非常乐观地说,对于拥有众多超强黏性消费者的商品来说,竞争带来的威胁显得微不足道。

问题三:你的媒体是否够多够炫?

你有好的商品,也确信会有一批忠实的粉丝,那么该如何把商品信息娱乐化地传播出去,令消费者准确收到?这其中媒体是关键。娱乐营销必须做好媒体营销,避免其短路,整个营销系统才足够活跃。

不管承认与否,网络媒体无疑已经步入主流。微信已经取代了以往人们习惯使用的短信,微信支付、支付宝付款更减少了人们携带钞票的不便。微博、微信公众号等自媒体的信息传播影响力惊人。城市某个地方井盖少了,便可能有人第一时间拍照发到微信朋友圈上。可能每天你只要打开手机看看微信,一天的新闻量便基本够用了。

现在的我们希望购买商品,从获得商品信息、媒体宣传,再到收货以及评论反馈的整个过程，都可以在手机上完成。这其中的"碰巧遇到"，是激发许多消费者迅速做出购买决策的要素之一。媒体的营销信息铺天盖地，就算是运用搜索引擎精准定位还是会发现，搜索出来的信息太多太杂。有点慵懒的现代人，与"对"的信息机缘相遇，"一见钟情"而省时省力高效率，远比"众里寻他千百度"的烦琐辛苦更娱乐。

那么，我们究竟应该怎么用好媒体？

如果商家财大气粗，或者再确切点说兜里的钱可以"玩"一场"地毯式"营销，能够做到媒体全面覆盖，那就尽可能全面一些。有人把"地毯式"营销比喻为一场信息轰炸，消费者每天被来自于商品的信息"洗脑"，当他有使用需求时，就会购买。

比如消费者想给家里换一台好的智能电视，刚看到电视里播放的海尔智能电视广告，又在公交车站旁等车时，发现了公交车身上的海尔广告。坐地铁，窗外有海尔广告，翻开报纸和杂志，海尔电视的广告也能看到。消费者进电梯时，在电梯广告上仔细看了下海尔智能电视的性能。打开手机 App，点开弹出的海尔智能电视广告，觉得价格不贵。甚至还有可能在周末逛街时，刚好遇到海尔智能电视在某商场做活动，兴许还拿到了商家发的一把小扇子或是其他活动赠品。

在如此多的媒体信息包围下，消费者最终完成了对海尔智能电视的全部了解。无论是到实体商场购买，还是在网上购买，消费者可能都会比较倾向于自己熟悉的海尔品牌产品。

当然当商家钱不够的时候，就要有针对性地选择重点媒体。

比如电视媒体的使用率最高，传播范围最广，应当是首选。不过近年来，微信也成为极其重要的传播媒介。可以尝试微信与电视节目结合，利用微信做活动，在微信上给观众发红包，或通过扫微信二维码参与节目互动，摇一摇参与节目评论、抽奖等，这都是低成本高收益的娱乐营销方法。就连央视春晚也未能免俗地与支付宝合作宣传，称在 2016 年春晚播出期间，支付宝向全国人民派发了八亿元红包。

自媒体营销力量同样不容小觑。鹿晗微博转发量动辄过万,他微博上的一条关于曼联的转发信息,竟然以上千万的评论数量,打破吉尼斯世界纪录。吴晓波说鹿晗是"大数据造就的小鲜肉"。即便是我们不了解他的从艺经历,没听过他的歌,看过他跳舞,可数据最能说话。鹿晗的名字仿佛在瞬间,于最能说明问题的数据中自己跑出来了。

以微博、微信为代表的自媒体的崛起,使得每个人都成了"媒体"。

网红、意见领袖在自媒体上发声,明星、企业更是用心经营自己的官方微信、微博。明星自己就能爆出一条又一条有"料"的信息,引起大家的信息挖掘兴趣。企业高管的一句"海口",便有可能在业界形成商战。商家们真金白银地拉开架势,喜欢看"热闹"的消费者势必群体围观。

而更重要的是,自媒体的信息传播,充分发挥了人际传播的优势。你关注了鹿晗,你的朋友看到后也开始关注他,你朋友的朋友可能同样会关注。

诸如肯德基、麦当劳、可口可乐等国际知名品牌也看到了自媒体在娱乐营销方面的传播优势。肯德基和麦当劳推新品,官微上必定是第一时间发布。可口可乐举行促销活动,也会在自媒体上开放参与渠道。消费者也喜欢在自己的微博上关注品牌官方微博,因为会有诸如试用、试吃、优惠券、奖品等诸多福利。

商家、消费者、媒体,如同一个稳固的"铁三角",娱乐营销需要把每个角都照顾到。

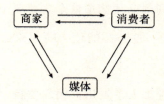

娱乐营销的铁三角图

商家要善于带着消费者玩；消费者则决定了娱乐营销的成败；媒体既是商家玩转娱乐信息的宝地，也是消费者参与其中的乐园。这三个要素都很重要，缺一不可。我们不能忽略其中任何一个组成部分，否则，整个营销系统就会出现畸形发展，甚至崩溃。从经济利益的角度说，商家投入的钞票便可能被"烧"掉。

不过乐观地来看，一旦将商家、消费者、媒体有效整合在一起，便能创造一个良性、健康的娱乐营销系统，大家在这个系统中各取所需，整个经济体系运转良好。吸睛和吸金的同时，大家共享喜乐。

线上线下联动，打造闭环

网络世界热闹非凡，现实世界也大有可为。完全沉溺于网络的虚拟世界，叫"逃避现实"。只注重现实世界，忽略网络世界的迅速发展，叫"你 out（落伍）了"。

已经意识到娱乐营销的排山倒海之力，就要充分调动线上和线下的力量，双管齐下，两手抓，打造出闭环。消费者一进入商家的营销"包围圈"，便被严严实实包裹在里面，不是"想逃也逃不掉"，而是"乐在其中"，根本就不想出去。

线上线下一起过节

节日历来是全民性的，无论线上线下。正如五月天在《离开地球表面》唱的"一颗心扑通扑通地狂跳，一瞬间烦恼烦恼烦恼全忘掉……"节日的魅力就在于此，无论身在哪儿，无论什么年龄段，过节都能让人嗨起来。节日可以让人暂时忘掉烦恼，先狂欢一下再说。

不过，如今的很多节日都加入了娱乐营销的佐料，与互联网玩混搭。你在"双十一"时疯狂"败家"，以更实惠的价格买到专柜同款；在线下实体店出示网上下载的优惠券,也能享受折扣。实体商家发布新品,仅仅在线下发传单,电视里打广告,已经远远不够,必须发动网上营销。要知道,很多大品牌仅仅在官微上做推广活动,响应者就足以抵得上在线下搭台围观者的两倍、三倍,甚至更多。

网络世界和现实世界的营销,早就合二为一了。

谁不喜欢过节?以前逢年过节,有新衣服穿,有礼物可以收。如今过节,商家线上线下一起上,以优惠的价格甩卖商品——当然商家的营业额也是大幅度地增长。

天猫的"双十一",又名"双十一网购狂欢节"。这是 2009 年 11 月 11 日,当时还叫"淘宝商城"的天猫的创举。天猫将网友热衷的"光棍节"赋予商业意义,令每年的 11 月 11 日不再只是大谈特谈"单身"黯然神伤,而是到网上疯狂购物"败家"。最重要的是,"双十一"这天,网友能买到比平时便宜很多的商品。

自 2009 年淘宝商城举办第一次"双十一"尝到甜头后,各商家都开始在这个新兴的节日上发力。

先是主要做电商的京东商城、当当等在每年的"双十一"开展促销,到如今甚至刚一进入 11 月,各大电商就推出促销预热,"双十一"之战提前开打。

看到线上"双十一"火爆异常,线下实体店的商家也分外眼红。于是"双十一"这天,王府井百货、新世界百货等各大实体购物中心也会有许多贴着"双十一"标签的促销活动。满减也好,买赠也罢,只要消费者觉得实惠,觉得好,营销就"赢"了。

2014 年"双十一",天猫的全天交易额达到 500 多亿元,2015 年"双十一",天猫的全天交易额达到了 900 多亿。著名电商品牌"妖精的口袋"创始人 Emma,在其畅销书《野孩子的梦》中,描述"双十一"说:"那年双十一,我们用三天时间,共发出 50 万个包裹。"

"微"字当道

企业在打造线上线下闭环时，很多都在使用微博发声。实体店的线下活动，官微势必同步宣传，粉丝的转发会带动另一波转发热潮。微博发布的线上互动活动，多与实体店联动，引导消费者参与在实体店拍照晒合影等活动。企业家、名人、意见领袖的微博发声助推活动，让营销更娱乐，更有趣，更有公信力。

餐厅新店开业，消费者在微信朋友圈转发、集赞，就可以赢优惠券。绘本馆、教育机构建微信群，组织阅读活动，开展线上公益讲座、线下参观活动。这些营销活动充满娱乐精神，大家在线上"接头"，线下见面、聚会等。当然，其中的经济效益也相当可观。

线上的网络世界，离不开线下的实体支持。线下活动，如果能充分调动线上力量，就会花小钱、办大事。聪明的企业将线上、线下的基础架构好，将线上、线下的娱乐营销都做好，做透彻，"闭环"的形成便意味着稳固消费群体的建立。

一点投放，多点传播

做成功一件事情的前提是，你要有足够的资源。娱乐营销也不例外。正所谓"巧妇难为无米之炊"，哪怕米不多，手艺高超的厨师也能烹出一碗味道上乘的香米饭。

其中的要点在于资源整合。经过整合，资源会实现优劣势互补，恰如其分地运用娱乐营销技艺，可将优势最大化。整合将资源"化零为整"，再有目标地"化整为零"。每个营销系统都高效运作，在整体目标的指导下，保证营销体系健康运转，最终实现盈利。

在数字化的娱乐营销模式中,索罗门概念让人情不自禁为之点赞。

索罗门,由美国著名风投公司合伙人约翰·杜尔于2011年提出。索罗门概念经过时代的发展,包括三个关键字:Social(社交)、Local(本地)和Mobile(移动)。

Social:**社交**。比如像人人网和微信朋友圈这样的社交网络,将人与人之间的关系用数字化织网,人际传播被搬上网络世界。在社交网络上,用户除了能找到多年未联系的好友,还能随时收到朋友更新的图文近况。同时明星、企业的信息通过社交发布,在被转载的过程中,起到了一传十、十传百的极佳效果。

Local:**本地**。指本地基础性的服务。这其中包括用户所在地定位,向用户提供本地有价值的信息等,例如大众点评网。想要找家好餐厅吃饭,只需要定位本地,然后用关键字筛选,看评论,记路线即可。再比如百度地图,除了能查询本地驾车路线,还可以启用车载导航,同时搜寻周边好吃、好玩、好住的地方。看重用户对于本地的需求,将本地资源充分挖掘利用,这也是以移动互联网为背景的娱乐营销未来的发展趋势。

Mobile:**移动**。其中以智能手机和平板电脑为主的移动通信设备最为重要。美国高德纳咨询公司早在2013年就指出,将来必定会人手一部智能手机,如今这已经是现实。2016年,人们对于移动通信设备的需求则是"一山望着一山高"。拿着苹果6土豪金,发现苹果6S似乎更前卫。还没怎么缓过神来,发现苹果6S Plus屏幕更大、存的图片和视频更多。然而换手机还都在规划中呢,苹果7又要面世了。用户对于移动设备的关注与热爱,令娱乐营销有了发展的空间。利用好移动通信设备载体,正是娱乐营销的一项重要课题。

可以将以上三项充分整合成一个系统来做营销,也可以把它们分别作为三个系统,每一块都深入挖掘,然后为了共同的娱乐营销目标,协同作战。同时还可以如腾讯那般,推出如微信这样整合后利用率极高的软件。借助软件的力量,进行行之有效的营销。

我们挑选各种资源，将其进行拼搭，试图通过整合，呈现出最"潮"的效果。这个过程中，有两点需要注意：一个是关于人的整合，一个是关于媒体等传播渠道的整合。

人员整合：做件"大"事，不可能只有一个人参与，必定会涉及很多人。比如一部电视剧，除了前期的演员、导演、编剧等剧组主创人员的创作外，中后期还包括电视台、网络等媒体的投放、宣传推广，细数下来，参与其中的人数很可能不亚于一场新闻发布会的人数。

这么多人员，要给他们制定好统一的目标，分工和责任明确。同时还要加入好玩的创意等，这样娱乐营销在人员方面的整合才会制造出足够的娱乐气场。大家必须携起手来一起"玩"，认真、诚恳、敬业地"玩"，同时还要有规矩，在娱乐营销大目标的框框里有条不紊、按部就班地玩。

渠道整合：商品无论怎么好，都需要找到直通消费者内心真正需求的渠道去宣传推广。渠道在今天来看，主要以各种媒体为载体，包括电视、互联网、手机移动客户端、杂志、报刊、灯箱、站牌、楼宇等等。

举例来说，肯德基 2016 年新推出的 K 记饭桶，在营销渠道整合方面就做足了功课。虽然被媒体评论为本质上是碗盖浇饭，可肯德基却不惜"烧钱"。先是花重金拿下卡通明星功夫熊猫周边的版权，推出熊猫版 K 记饭桶——端午熊抱桶，然后于杭州、北京、广州、上海、成都五个城市在端午节前五天进行巡游预热，还在微博上发布五个城市的主题海报。在端午节这天，肯德基推出印有熊猫阿宝头像的端午熊抱桶。配合熊抱桶上线，官方微博话题"♯欠你的熊抱端午来还♯"跟进，同时加以 KOL（Key Opinion Leader，关键意见领袖）助推，肯德基的 K 记饭桶关注度猛增。

别跑，多屏时代来了！

有本叫作《偶尔看看屏幕》的西班牙绘本特别受家长们欢迎，绘本讲述的是电脑、手机、游戏机、电视等带屏幕的东西，已经越来越多地占据孩子们的生活。在屏幕上能做很多有趣的事情，"屏幕娱乐"甚至让孩子们不想去参加户外活动。当有一天，孩子们来到一个完全没有屏幕的地方，他们要怎么打发无聊时光？重拾起昔日有趣的玩具是个办法。

作家想要告诉家长，今天的屏幕无处不在，在家不给孩子看屏幕，他们在其他地方也会看到。与其藏着掖着，不如好好引导，偶尔给孩子看看屏幕，同时也帮助他们去探索屏幕以外的世界。

不容否认的是，我们已经进入了"多屏时代"。细数身边的屏幕，手机、电视、电脑，我们几乎每天都会接触。平板电脑、智能腕表，公交车、地铁上的广告屏幕，楼宇、广场上的 LED 显示屏，也许在我们无意间，它们就闯入了我们的视线。

各种各样的屏幕，让我们的注意力变得分散，可也增加了我们的信息量。有调查指出，多屏延长了人们的日常生活，相当于用 24 小时浏览了 30 小时的信息资源。这对于娱乐营销来说是个契机。

我们只需要找到合拍的切入点，尤其是利用充满创意的投放广告进行多屏展示，就很可能会带来成倍增长的利润。例如微信软文，内容多数是有意思的段子，这些段子可能是由某个需要宣传的微信公众号发布，或者软文下方包含有某商品的广告链接。不过只要段子够吸引人、有趣或者有一定的知识性，引发大规模的微信好友转载，公众号或者是商品便极有可能被"拱"起来。当然更厉害的娱乐营销手法在于，微信软文登上电视新闻，软文内容红极一时的同时，软文发布方也跟着受益。

多屏对"地毯式"营销也有很好的辅助作用。例如美妆品牌美宝莲，我们可能起初只是在电视上看到了它的广告，随后上网时发现了它的宣传视频，坐地铁时，在对面的广告屏幕上发现了美宝莲，又在写字楼电梯里的广告屏幕上发现了它。晚上开车回家，路过广场上的 LED 显示屏，发现上面也在宣传美宝莲。

试想，当日常接触到的每个屏幕上都播放着美宝莲的广告时，我们会做何感想？至少我们会觉得该品牌实力雄厚，肯在广告上发力。同时可能你也很想试一试，看它是不是真如广告说得那么好。

娱乐营销之所以能令某条有价值的信息迅速传递给真正对它感兴趣的人，多数时候是因为采用了"地毯式"的宣传手段。即把各个媒体的优势充分整合起来，利用不同媒体的特点，对不同受众进行"洗脑"。

事实上，整合的本质就是在强调娱乐营销的系统化。如同展开一场全方位立体化的"军事对战"，从天上到地下，从东到西，从北到南，将消费者层层包围在娱乐营销的包围圈里。直到将消费者紧紧抓牢，将利润紧紧攥在手中。

跨界万岁：只有想不到，没有不可能

这是一个流行玩"跨界"的时代，歌手出演影视剧已不再新鲜。唱着 R&B 的周杰伦导演电影《不能说的秘密》《天台爱情》，歌迷们对于偶像影片的关注度也随之飙升。

后起之秀有原是作家的郭敬明、韩寒等，郭敬明导演的电影《小时代》系列，陆续推出四部，票房高得惊人，而且让杨幂事业再创新高，更捧红了陈学冬、郭采洁等众多俊男美女。韩寒的《后会无期》则丝毫不逊色于导演系专业水准，影片的韩寒风格明显，票房超过六亿，可见其玩出了"跨界"的真谛。

"跨界"为什么这么流行？

撒切尔夫人说："混乱处我们带来和谐,错误处我们带来真实,怀疑处我们带来信任,沮丧处我们带来希望。""跨界"恰恰就是在很多人认为的不可能处创造出可能,带来我们憧憬着的和谐、真实、信任与希望,这其中蕴含着无数创新。同时敢玩"跨界"的人和企业,都极具正能量。它代表着潜能的释放,对自我的无限超越。如同一个体育竞技比赛中的运动健将,总是在追求新高度,将不可能变为可能。

这种积极向上的精气神,是为人们所认可和敬重的。如果谁能带着娱乐精神,把"跨界"认认真真做好,脚踏实地且乐趣十足,那么从"营"到"销"的整个过程都会精彩纷呈,分外吸引人。

企业家综艺节目玩跨界

相比国外已经发展得相对较成熟的综艺节目,毫不夸张地说,中国综艺的水准与美国差 20 年,与日本差 10 年。所以在中国,综艺节目的发展空间会非常巨大。不少企业和它们的当家人,已经意识到综艺在娱乐营销中的重要性,将其利用好,是非常明智的选择。

在湖南卫视收视率很高的综艺节目《天天向上》《快乐大本营》中,你时常会听到诸如"特步《天天向上》"等品牌与节目齐名的口号,同时看到许多知名品牌企业家出来站台。

如果说这只是企业小小地试水了一把跨界的话,那么像聚美优品创始人兼 CEO 陈欧这样,不仅在《天天向上》中以嘉宾身份出现,还在湖南卫视的全国选秀节目《超级女声》中担任了评委,可以说,老总们的"跨界"逐渐向专业娱乐领域迈进。

中国教育频道曾经有一档很受欢迎的节目《职来职往》。光线影业副总裁刘同、当当网 CEO 李国庆、赶集网副总裁蒋北麒等众多企业老总、部门高管,坐镇职场达人，成为该节目一大亮点。

其中光线影业副总裁刘同，更是于"跨界"方面持续发力。不仅在光线的《最佳现场》担任主持人，还以总制片人和主持人的身份推出《百城春晚》，而深圳卫视的《大牌故事会》、浙江卫视的《舞动好声音》等节目，刘同也都有参与。

刘总在综艺节目上的跨界玩得好，一流的口才也让人心服口服。这也给他带来了更多机会，诸如担任电影《伤心童话》制片人等，同时他的畅销书《谁的青春不迷茫》也获得大卖，销量 200 多万册，年版税达到 715 万元。刘同也因此位居 2013 年第八届中国作家富豪榜第 14 名。

综艺节目让企业家们火速蹿红，同时也让其背后的企业，或者更确切地说是品牌跟着受益。原本企业家居多出现在如《鲁豫有约》这样的访谈类节目中，穿西装打领带，正襟危坐，与观众聊聊自己的创业经历和人生哲学。可是如今，"跨界"却让高高在上的企业家们成功转型——外形时尚如明星，言辞或者风趣幽默，或者锋利直率，却都个性十足。这是成功的企业管理者的自信，其背后彰显的是一个品牌的自信，也随之带来了观众对于其身后品牌的关注与认可。

好商品都去演电影了

不仅是综艺节目，影视剧中商品的植入广告，事实上也是一种有趣的"跨界"。

邓超和孙俪主演的电影《恶棍天使》，诸如滴滴打车、易付宝、安慕希、苏宁易购、超能等品牌都有植入广告。比如孙俪在剧中饰演的查小刀为邓超饰演的莫非里将家收拾得焕然一新，孙俪台词中就有"超能女人"。恶搞加植入，你想点赞，还是想吐槽，似乎都中了商家"跨界"的圈套。因为品牌已经被关注到了。

更有热爱八卦的观众，每遇影片上映，都会细数其中的广告植入。看看商品在影片中扮演什么"角色"，与剧中情节是否搭配得天衣无缝。

　　事实上,很多影片也恰恰是借着商品"出演"影视剧的机会,通过广告费回本的。越大牌的商品,往往越是大手笔。品牌在影视剧中做个"客串嘉宾",小小玩把跨界,可能就解决了剧组的一部分经费问题。当然在大制作、实力班底的影片中即便是出现一个镜头,只要后期影片卖座,票房创下佳绩,商品便不愁没关注,不愁没话题。

　　有影评人不无忧虑地指出,时下不少电影都快要成为加长版的广告综合体了。可无论怎样,只要大多数观众不排斥,广告内容符合国家广电总局规定,让更多优质商品出现在电影中,将这把"跨界"玩好,也是娱乐营销发展的必然。

明星＝广告?

　　企业家玩"跨界"只是一面,不少企业开始邀请明星到企业来玩"跨界"。

　　贾乃亮出任"一直播"的 CCO,即首席创意官。这样的跨界好玩又好看,充分发挥了他玩直播的天赋。刚刚接过聘书,贾乃亮就担负起了"宋仲基亚洲巡回见面会"的工作。贾总尽职尽责,以 CCO 身份对话万千女性心目中的男神宋仲基。

　　而歌手胡海泉在老虎证券的职位做得也不错,互联网美股券商老虎证券邀请其出任老虎股票学院的"财富导师"。把《最美》唱得很好听的胡海泉,"跨界"成了一位给投资者讲解投资理财的导师,可以说这"界"跨得更专业,却也更吊人胃口,更有影响力。于是胡海泉的名字一度成为大数据领域中的热门,而老虎证券知名度也随之提高,明星与企业实现了双赢。

　　比明星入职更高明的,是邀请明星入股。赵薇就以 31 亿港元成为阿里影业的第二大股东,其大胆的"跨界"作为,令人惊叹其为"女版巴菲特"。赵薇和马云携手并进,谈笑风生之余,创造一场商界神话是绝对有可能的。

　　"跨界"带来的精彩远远超乎想象,同时"跨界"恰恰符合今天娱乐的精髓。其中,创意与勇气是"跨界"中最富励志色彩的推动力。

/ 第五章 /

内容为王

自制 IP 的商业原力

"IP、IC、IQ 卡,通通告诉我密码!"

范伟的这句在《天下无贼》里常常被当作笑话的"肺腑之言",竟然戳中了当今商业运营的软肋。

娱乐营销大行其道的今天,你可以没有 IC 卡,甚至连 IQ 不高也没关系,如果 IP 缺失,几乎就要注定被甩十几条街。反之,可能是甩对手几十条街! 当然,前提条件是你拥有优质 IP。

IP 当道

最近几年,电视媒体被互联网挤压得即将没落之时,却出乎意料重整旗鼓,IP 节目的引进功不可没。

从当初"小荷才露尖尖角"的《我爱记歌词》到成为夏天代名词的现象级音乐真人秀《中国好声音》,再到"深红"的现象级户外真人秀《奔跑吧兄弟》,浙江卫视收视率一路以"奔跑"的姿态高歌猛进,从五年前的八九名,步步紧逼湖南卫视,跻身全国三甲。收视率飙升了,广告商家也纷纷"解囊"。2015 年,在经济增速放缓,前三季度广告花费同比减少 4.9% 的"贫瘠土壤"上,浙江卫视营业收入却由 2014 年的 50 亿元跃进至 85 亿元,真是"干翻了老二,冲击了老大"。

卫视新秀凭借引进 IP 势头迅猛,"前辈"湖南卫视自然也不甘示弱,《爸爸去哪儿》《我是歌手》等综艺 IP 一出,也大放光彩。不过,这些节目背后的最大赢家肯定还是韩国,谁让人家是最大的 IP 节目输出国。

在"大众创业、万众创新"热情高涨的今天,互联网、移动互联网成为创业"重灾区"，却丝毫不能掩盖 IP 的风头。我们也看到听到了很多天价 IP 的故事：腾讯人气漫画《尸兄》卖出 5000 万元的高价，在线游戏开发运营商畅游公司豪砸 1.5 亿元买下《秦时明月》五年版权……2016 年，IP 热愈演愈烈，《琅琊榜 2》和《如懿传》未拍先"富"，《如懿传》竟然卖出 1500 万元一集的高价！①

IP 价格飙升，也是在意料之中的事情。现如今，人们的精神娱乐需求拾级而上，资本闻香而来，IP 价格自然水涨船高；再加上粉丝经济年代，作为连接和影响粉丝的入口，IP 数量有限，价值也就扶摇直上。不过，有谁能否认 IP 火的根本原因在于优质 IP 确实中看又中用？《秦时明月》改编游戏公测流水达 4000 万次，次日留存率高达 60%。要知道，国内同类行业此类据仅为 15%～20%。

就娱乐营销而言，勿论渠道为王还是内容为王，其实是 IP 为王！笔者敢下断言：IP 就是十年前的房地产行业，涨价才刚刚开始，高价还在后边！

那么，问题来了，火得一塌糊涂，大家高价争抢的 IP 到底是什么？

IP 不是范伟口中的 IP 电话卡，也不是互联网协议的 IP 地址，而是能被改编的知识产权，就是 Intellectual Property 的英文缩写，既包括音乐、文学和其他艺术作品，还包括倾注作者心智、被法律赋予独享权利的"知识财产"。比如，上面提到的综艺节目和电视剧，或者是一部网络小说、一首歌、一家企业，或者是某个人物形象。阿里巴巴是 IP，京东商城创始人刘强东也是 IP。唐德影视对无锡爱美神公司的估值超过七亿元，还不是因为后者拥有范冰冰这个超级大 IP？

看起来，IP 好像哆啦 A 梦的四次元口袋，什么都可以装，但个人认为应当为 IP 设一个门槛，不能随随便便一部网络小说就自称 IP。真正的 IP 最起码拥有广大用

---

① 中国经济网. 天价电视剧版权谁来买单［EB/OL］. (2016 - 04 - 07). http://www. ce. cn/culture/gd/201604/06/t20160406_10168611. shtml.

户群,且知名度较高。在被市场印证之前,请先不要以 IP 自居。

我们可以怀疑 IP 价格虚高,却不能否认优质 IP 的确是一座深不见底的宝藏库。IP 的一大优势就是,其市场属性具有传递性。一个 IP 产品类型,可以分化出产业链上的多个产品。真人秀节目《爸爸去哪儿》,衍生出了同名电影、手游等,瞬间将 IP 变成一座"聚宝盆"。以数据为证,第三季《爸爸去哪儿》冠名费达到四亿元,由第二季衍生出的同名电影票房收入为七亿元。而同名手游推出当天,下载量达到 100 万,注册用户超过 1.5 亿,日活跃用户超过 300 万。①

反过来,IP 各个产品之间共生共存,又能形成一股合力,共同为 IP 服务,将其形象烘托得更加耀眼。从影院观看完《爸爸去哪儿》后,看到其票房如此高,你心中会不会闪现念头:要不要下载手游玩一下?同名综艺是不是更加炫酷?是不是应该带孩子去拍摄地旅游一下?

一个优质的 IP 就是一支队伍,具有强大的资源整合潜力,从小说、真人秀到电影电视剧,到网络剧舞台剧,再到手游乃至一系列衍生品。明星 IP 也不是简单地"扮演"吸引粉丝的演员这个单一角色,更像创意产业中的一个孵化平台——凭借影响力、号召力,帮助影视公司打通产业链的各个环节。

谁占据了 IP 这个制高点,拥有更多的 IP 资源,谁就获得了更多核心竞争力。

逆袭有理

市场的认可、资本的追捧、粉丝的"掏腰包"、广告商家的"慷慨解囊",给 IP 镀上了金光,但资源总是有限,稀缺就意味着高价。再加上各大公司对 IP 激烈的争夺,一些 IP 价格虚高已经是不争的事实。至于哪些 IP 价格虚、价格到底有多虚

---

①　王丹彦:用好 IP 理念,助推"品质制胜". 中国新闻出版广电报,2015 - 12 - 10.

高，自是仁者见仁。不过，付出了高价没有收获相当的回报，还不算最坏的结果，陷入版权纠纷，才更加让人感觉心累。

IP虽然身披五彩霞衣，脚踏七色云彩，但是，想让这个"盖世英雄"为我们带来利润并不容易，反而可能留下"IP依赖"的后遗症。在影视剧产业、游戏产业制作开发中，对网络文学、明星个人等潜在知识产权的依赖，相当于踏上一条人山人海的拥挤道路，是机会也是陷阱。

没有IP寸步难行，重金购买的IP是否一定能够成功？平心而论，每个行业都是鱼龙混杂。尤其当利益来了，越热闹的地方，越是可能汇集各色人群。就像网上那句流行语："带翅膀的不一定是天使，也可能是鸟人。"别看抢得热闹，国内大多数IP，包括热门IP，并未实现预想中的价值，没有转化为可观的经济利益。

黄晓明、赵薇和佟大为算不算三个超级IP？三人联手合演的电影《横冲直撞好莱坞》如果不被寄予厚望，都觉得对不起这三个名字。偏偏现实却不买账，在亿元票房遍地都是的今天，它却只有不到三亿元的票房，让做出十亿元票房预计的投资方脸上很是挂不住。

粉丝的力量固然强大，但是IP运营说到底仍旧属于商业范畴。运营IP，一个必须遵守的铁律就是，慎重思考商业定位，找到你的受众，然后做出符合受众口味的产品设计。更通俗的说法是，到什么山头唱什么歌，对什么人说什么话。要不然大家凭什么买单？

喜欢黄晓明、赵薇和佟大为此类本土明星的人，应该不是那些讲求格调、挑剔的美剧观众，可能更多的是普通青年，但是后者与美式笑话、美剧中的二线明星之间又隔着千山万水。"横冲直撞"得如此"分裂"，该怎么破？

定位模糊，再超级的IP可能都不顶用，结果就是，企图抓住所有人，反而可能流失更多观众。

　　互联网时代,被颠覆是常态,逆袭层出不穷。苹果"秒杀"诺基亚、摩托罗拉,阿里巴巴、京东商城将一家家传统商店逼得无处可躲,只好纷纷仿效,进行互联网化。任商家拥有声望、资源,也难以保证不被后来者"碾杀"。借势超级 IP,只是借来了东风,要想实现"草船借箭"的效果,更重要的是射中靶心。如果箭法精准,即使没有东风,也可能完胜对方。

　　并非脱胎于网络文学,没有一个大咖 IP,甚至没有一个演员有任何表演经历,寒酸得不能再寒酸的网剧《万万没想到》,却创造了"万万没想到"的收视爆表——总累计播放量达到 25 亿,一再创互联网自制播放记录新高。

　　摆脱了 IP 依赖,这部优酷视频原创的自制网剧,硬是把自己做成一种现象级网剧,将自己打造成一个超级 IP。网剧之后,又衍生出电影版《万万没想到》,两天点映就获得 1.13 亿的票房。尽管总票房不及《煎饼侠》,但以不到 20% 的排片占比实现了 40% 的票房占比,且创造了近一个月的票房高点,已经足够厉害。

　　受益于《万万没想到》大火的不仅仅有久居幕后的叫兽易小星、籍籍无名的"素人"白客等,更有穿插其中、无处不在的广告商家。凭借有趣的创意,《万万没想到》把广告转化成娱乐,与剧情无缝对接,观众很容易把对内容的好感转移到品牌本身。

　　以《天龙八部》移动版手游为例。当剧中人物王大锤尝试多种经典穿越咒语都不能开启穿越宝盒而选择放弃时,却发现宝盒反面刻着"移动吧天龙"五个大字。他随口一念,就奇迹般地实现了穿越。毫无违和感的剧情,加上画面的视觉冲击,既增加了这款手游的曝光率,又让其在不知不觉间深入人心。

　　这就是娱乐营销的魅力所在。其实,观众并不排斥广告植入,只是讨厌硬邦邦、毫无情趣的广告植入,后者不仅看低了观众的智商,更是挑战大家的品位底线。如果广告植入做得与剧情衔接毫无违和感、设计巧妙且能触动人心,让"看客"们不知不觉融入其中,大家怎么会不喜欢呢?

但《万万没想到》当然也不是营销"灵药",并非对所有"品牌知名度无力症"都适用。事实证明,在这部剧上做广告浪费钱的大有企业在。只是为什么有些品牌、产品适用广告植入,有些砸了银子还听不到响声? 其中的原因,与有没有准确地定位受众有着极大的关系。

用户至上

商品的成功往往源于准确的商业定位。《万万没想到》的大火,源于其号准了网剧收视人群的脉,即读懂了 90 后。作为网络"原住民",90 后心态开放,喜欢以自嘲自黑的方式来表达自我,喜欢有创意的碎片化内容,以及简洁快速的节奏叙事,不喜欢空谈。

《万万没想到》一击即中,恰恰契合 90 后的喜好:以夸张、幽默的方式描绘了王大锤的传奇故事,穿越、职场等热门元素应有尽有……而每集短短五六分钟的剧长、一周一次更新的频率,既不会显得过于冗长烦琐,又能释放一周的工作压力,和美剧相似,有点饥饿营销的味道。

满足了目标受众的口味,让《万万没想到》取得了万万没想到的成功,目标用户与《万万没想到》重合的产品和品牌,才更容易借到其"东风"。

《星球大战》电影中存在一种超自然而又无处不在的神秘力量,是所有生物创造的能量场,即原力。在商业世界,"原力"也无处不在,且一直在隐隐发力。

借势 IP 与自制 IP 正在争夺大家的注意力。有人喜欢看引进的 *Running Man*,也有人对原创的《奇葩说》着迷;有人热衷于翻拍网络小说的《亲爱的翻译官》,也有人对"三无"产品《万万想不到》津津乐道。

借势成熟 IP 的好处显而易见,利用其原本的广泛受众,降低投资风险,毕竟 IP

传播越广,价值越大。自制 IP 的原创魔力也不可小觑,且效果日益凸显——能够摆脱 IP 依赖实现"内生型成长",将更多资金用于拍摄和特效制作,通过原创内容提升品牌品质实现差异化发展,基于对目标受众的了解来量身打造产品更合对方胃口……

互联网时代,营销模式日新月异,营销规律、市场规则却从未发生改变。娱乐营销的实质就是让用户在愉悦的情绪中接受形式各样的"广告"的影响,最终讲求的还是为用户提供满足甚至超过预期的体验。

换汤不换药,IP 为王,其实说到底还是内容为王,IP 只是一种新的说法而已。无论何种营销方式,无论称谓如何变换,以内容吸引用户,相当于以内在打动人,还是比纯粹的外在更加实在。

在此之前,我们首先要做的就是了解用户的所思所想,把握其需求,否则,即使拥有再牛、再超级的 IP,效果也可能有限。只是,坚持用户至上之余,再提醒一句:不能把收视率变现的内容不算成功的营销! 就此来说,国内 IP 运营虽然争抢、厮杀得热闹,却仍处于初级阶段。即使资金充裕如 BAT(中国三大互联网公司百度公司 Baidu、阿里巴巴集团 Alibaba、腾讯公司 Tencent),IP 资源丰富,却在转化和变现上踟蹰不前。

拥有 IP 很关键,但懂得怎么玩 IP,最大限度开发其价值,才是真本事。否则,只是玩概念或囤积居奇,充其量只是追"风口",迟早会被市场抛弃。

具体到今天的创业者,要想搭乘娱乐营销的"高速列车",就要将自己的企业当成 IP 来经营,包括企业产品、文化等各方面,都要以 IP 的标准来运作,而不是再沿袭旧传统,仅仅将企业或产品当作一种盈利的工具。

优秀的产品经理都是段子手

几年前，当杨幂还不是"小糯米"的妈妈，身穿俏皮蓝裙大喊一声："58 同城，一个神奇的网站！"就把大众洗了脑。不可否认，杨幂的确有足够的吸引力，在赶集网高频度更换明星代言时，杨幂稳坐 58 同城的"钓鱼台"，吸金指数杠杠的。

杨幂这位敢自嘲"臭脚丫"的"北京丫头"确实古灵精怪，但是，笔者认为，与 58 同城相比，其诞生的土壤——互联网才是最神奇的地方。

在这块土地上，不仅诞生了神奇的网站，更孕育了一大批化段子为营销利器的段子手。

段子手，营销高手

先讲一个不是传说的传说。

话说有一对已经竞争数十年的"敌对"品牌，凑巧在相同时间都推出新品。冷兵器时代，狭路相逢勇者胜；互联网时代，狭路相逢智者才能胜。两家公司的不同选择，充分定义了新时代营销。

A 公司秉承传统营销思维，将大把资金投入一家老牌 4A 广告公司（The American Association of Advertising Agencies，美国广告代理协会），换来后者费尽九牛二虎之力、花尽心思设计出的广告宣传文案。B 公司见状，没有采取跟进策略，而是请来一位段子高手在网上讲起了"故事"。

4A 公司的广告文案自然不会太差，不过也没多惊人，只能算无功无罪，B 公司花费相当于 A 公司"零头"的预算，却获得了段子手的段子在网上火爆一时的效果，受益者自然是"小气"的 B 公司。

你也许对 2012 年 6 月北京的一场暴雨还有印象,但更可能对杜蕾斯的一场段子手营销记忆犹新。当年 6 月 23 日下午接近下班时,北京突降一场暴雨,人们的回家计划被打乱,微博上一时间热闹纷纷。下午 5 点 58 分,一位网友在微博炫耀了一下——"北京今日有暴雨,幸亏包里还有两只杜蕾斯",并且做了将杜蕾斯当作鞋套套在鞋上的配图。

可想而知,当时上班族都在等待雨停下班而百无聊赖地刷微博,杜蕾斯如此有创意的使用绝对吸引眼球,两分钟,这条微博转发量超过百次。下午 6 点整,嗅觉灵敏的"杜蕾斯官方微博"第一时间做出回应——以"粉丝油菜花啊! 大家赶紧学起来!! 有杜蕾斯回家不湿鞋"评论并转发。

特殊的时间阶段,特殊的天气状况,极富颠覆性的创意,吸引众多大 V 的加入转发。于是,该微博被转发了将近 10 万次。23 日当天,蹿升新浪微博"1 小时话题榜"榜首,更成为当周最热门的话题。

此后的事实证明,这次"杜蕾斯鞋套"事件实属段子手与杜蕾斯合作的商业营销行为。尽管不能免俗地还是做广告,但脑洞大开的做法,自然没有抵挡住粉丝的支持。

虽然互联网触角已经伸进日常生活各个角落,但如杜蕾斯这种计生和情趣用品品牌做营销是一种颇为讲求"段位"的艺术。方法不当,则可能让人有猥琐之感,前有"XX 更健康"的教训,或者有教条之嫌疑。

短短几十字,有趣搞笑却不失内涵的段子,既迎合互联网时代的碎片阅读,更适合为杜蕾斯这种特殊品牌做营销。后来我们熟知的事情是,杜蕾斯在段子手营销这条路上大步向前。刘翔在伦敦奥运会迈着伤腿走到终点,杜蕾斯"扔"出段子:"最快的男人并不是最好的,坚持到底才是真正强大的男人";范冰冰和李晨公布恋情时,杜蕾斯"大喊":"你们!!! 冰冰有李!!"……

搭着社会热点话题的"顺风车"，杜蕾斯官方微博把自己经营成微博上最受欢迎的段子库之一。截至 2016 年 6 月，杜蕾斯的微博粉丝数已经突破 160 万，遥遥领先于 26 万粉丝的杰士邦以及 11 万粉丝的冈本。

互联网时代，浸染其中的受众习惯发生了变化，人们固然不喜欢严肃、正经、自卖自夸的硬广告，一旦碰到内容丰富有趣且能引人发笑的内容，可能会稍稍放下防备，却在触碰到广告的雷池后，又可能会有抵触。

优秀的段子手应该是称职的产品经理，不仅能耍得了键盘，脑子里藏着小机灵，还应该能够洞察人性，能够在你失落时给予慰藉，单调时给予调剂，孤独时给予陪伴，伤心时给予欢乐。

如果生活是一个让人屡屡失望、常常事与愿违的"大段子"，段子手则利用手中的"利刃"，将其巧妙分割，进行重新组合，规划出一个个有滋有味的"小段子"。

就此来说，段子不仅能够在营销战场上"驰骋"，更是我们日常生活不可或缺的调味剂。

段子的真谛

人人都说段子好，但你说个段子听听？能说得像模像样，而且招来两三笑声，又有"效"果吗？

娱乐营销能够为企业带来曝光率、抬高关注度、测试口碑，却不一定能带来高转化率。但是这何止是娱乐营销的软肋？任何营销方式，包括传统的报纸广告和电视广告，就能成功把每一位阅读者或观众转化成购买者？

做营销其实就是在追求高概率，以结果论英雄。所谓优秀的营销方式，自然脱离不了"吸引海量关注"和"产生巨大购买力"两大特征。但是，不得不承认，在互联网社会，营销方式"花招"各异，不同的营销方式又影响着结果的呈现。

就段子营销而言,不看好者大有人在,甚至有人直言:"段子的诞生地微博都是江河日下,皮之不复,毛之焉存?"数据情况却并非如此。相反,现在是微博逆袭的时代。

2016 年 5 月 12 日,新浪微博发布 2016 年第一季度财报,截至第一季度末,微博月活跃用户达到 2.61 亿,同比增长 32%,日活跃用户达到 1.2 亿,同比增长 35%。商业化方面,微博一季度总营收 7.77 亿元,同比增长 29%,当季微博盈利 1.05 亿元,同比增长 529%,连续六个季度盈利,超华尔街预期。①

微信的确热闹,从表面来看,微信朋友圈"抢夺"了微博的"阵地"。但是,相较于微博已经找到清晰的盈利模式,微信则还在赢利的道路上摸索。

微博是段子营销的主阵地,承担着为段子营销输送"注意力"的功能。既然微博不是江河日下,笔者对段子营销也不乏信心。毕竟段子这种短小精悍且极具幽默"细菌"和内涵的形式,与今天人们的碎片化阅读习惯,以及人们追求快乐、愉悦的需求无缝对接。

更重要的是,有些段子所输送的快乐,并非流于肤浅和表面,而是负载着内涵的"梗"。所谓一花一世界,一叶一菩提,一梗一群人。所谓"梗",是隐藏在一句话中的玄机,也即"秘密通道"。能否听得懂这个"梗",既是对个人智力的考量——听得懂,为你带来极大的智力优越感;也是对个人群体归属感的衡量——听不懂,抱歉,你不属于我们的圈子!

在娱乐化营销的战场上,段子手是一支神奇的特种部队。他们凭借风趣幽默的文风,用短短一百多字,甚至几十字,俘获了大批粉丝以及广告主的心。

别担心,他们的品牌植入不会让人感到违和:他们或是将产品、品牌或者企业

---

① 内容创业者迎来微博"第二春".人民日报,2016 - 05 - 13.

时代的变现仅限于版税这种单一方式，而网红 2.0 时代的网红们在背后团队的包装、炒作流程化操作帮助下，开始能够在短时间内获取广告代言等商业利益。

2005 年夏天，在将照片上传到水木清华、北大未名和猫扑网站并一炮而红后，芙蓉姐姐就开始代言网游。当时的芙蓉姐姐身形强壮、彪悍，和今天的形象相差甚远，却在不乏纤细、柔弱美女的娱乐圈中杀出重围，其实已经为网红的商业潜力埋下了伏笔。

移动互联网时代，粉丝经济当道，既为网红的层出不穷铺设下肥沃土壤，也为网红的商业变现开渠引水。据《2016 中国电商红人大数据报告》显示，2016 年红人产业产值预估接近 580 亿元，将超过 2015 年中国电影总票房，也相当于国内最大连锁百货百联集团 2015 年全年销售额。基于该预测，报告给出了"红人比电影明星更值钱"的断言。

网红之所以被称作产业，源于不断涌现的变现方式。毫不讳言，传统的营销方式——广告，仍是网红主要的盈利模式。在网络平台积累人气后，既可以选择与品牌合作，接受代言一类的工作，也可以在自己生产的内容中直接发布广告贴片或植入广告。

如果说广告代言最传统，那么更时髦的变现则是，将自己的粉丝转化成消费者，实现从社交媒体到电商平台的引流。淘宝网 2015 年发布数据，在当年"6·18"大促中，销量前十位的女装店铺中，有七家的"主人"是网红。网红在社交媒体与粉丝沟通的过程中，将自己店铺的产品做"预售"，并接受粉丝反馈做改进，然后投产。成功的网红颇具互联网思维，是不是觉得他们将粉丝经济、参与感玩得风生水起？

有的网红依托个人品牌，转身作为"网红 IP"，走上更商业化之路——创立公司或以合伙人身份组建公司。同道大叔创立了陌生人情感热线"陪我"App；王尼玛和妹妹王尼美创立暴走漫画 App；2016 年艾克里里携手飞博共创公司共同成立上海借智文化创意有限公司,后者出资 30%。

　　不是每位网红都是企业家,缺乏单打独斗能力的网红,也可以和明星一样投身经纪公司,签约网红孵化公司。网红市场竞争激烈,与其自己迷茫摸索,"投靠"拥有完整网红产业链的网红孵化公司,也不失为明智之选。

直播引发的传播革命

　　这是网红最好的时代,这是制造和输出网红的时代。

　　一切看似突然的事件其实一点都不突然,其实是当下环境多种因素促成的自然而然的事情。网红时代的到来,与技术环境、大众喜好和社会氛围不无关系。

　　《纽约客》杂志专职作家格拉德威尔在 2000 年向社会贡献了一个著名概念——"引爆点",后又被他延伸成一本研究如何引爆流行风潮的著作《引爆点》。所谓引爆点,可能只是一个不起眼的点,却可能触动整个世界,比如一个病人就能引起一场全城流感,一个满意而归的顾客能让新开张的餐馆座无虚席。

　　在格拉德威尔看来,引爆点之所以发生,符合三个原则:个别人物法则,那种集推销员、联系员或内行于一身的个别人物更容易触发公共事件;附着力法则,将普通信息的措辞或表达方式稍作修改,就可能引爆流行;环境力法则,复制或传播信息的平台,决定传播效果。

　　网红所在的行业也有所分化。据《2016 网红经济白皮书》显示,中国的网红人数超过 100 万。其中,作品创作网红占 11.6%,视频直播网红占 35.9%,新闻事件网红占 18.2%,自媒体网红占 27.3%,其他类网红占 7%。①

---

　　① 凤凰资讯. 2016 中国首份网红经济白皮书发布[EB/OL]. (2016 - 05 - 11). http://news.ifeng.com/a/20160511/48751924_0.sbtml.

这其中，视频直播网红独占鳌头，折射出网红赖以生存的社交媒体平台的发展。

在短视频兴起、直播技术和移动互联网的风口下，内容生产门槛逐步降低，实时性和交互性逐步增强，便捷性和同步性逐渐提升，推动社会进入直播时代，客观上为网红"进场"提供了可能和便利。

数据显示，2015 年中国视频直播平台接近 200 家，网络直播平台用户已达两亿。① 直播平台之间的竞争在加剧，但其商业模式也在不断拓展。以秀场模式为例，虚拟物品打赏、会员订阅收费、广告、跨界拓展等盈利方式，既为直播平台的发展提供了诸多可能，也刺激着网红们那颗"蠢蠢欲动"之心。

2015 年，YY 语音通信平台实现营收 58.97 亿元，市值高达 32.76 亿美元，9158 视频社区紧追其后，2015 年的营收也有 5.73 亿元，市值冲到 62.39 亿港元。②

毫无疑问，网红与直播平台是绑在一条绳上的"蚂蚱"。在 YY 平台，点赞虽然免费，但最贵的单次物品却得 20 元。除了 YY 拿走其中的 50%，网红可以拿到 30%。不要轻视 20 元的单次物品，在粉丝"基数"红利的"哄抬"下，网红的收费可谓不菲。中上量级者，月收入能够有 40 万～50 万元。如果运气够佳，碰到财大气粗的捧场者，收入不可限量。

乘着视频直播的"风口"，网红容易飞得更高。但网红商业"根据地"一再扩展，也与他们懂得如何与自己调性契合的受众沟通不无关系。一种更通俗的表达是：你知道他们有多努力吗？

---

① 直播平台遇"紧箍咒"面临"洗牌".三湘都市报，2016 - 07 - 17.
② 欢聚时代 2015 年营收 58.97 亿增长六成.财经快报，2016 - 03 - 22.

通过和粉丝分享旅行、饮食等精彩照片,澳大利亚的亚裔女孩章凝在分享网站Instagram(照片墙)成功"聚拢"63万粉丝成为网红。别人眼中的她是一夜成名,只有她知道自己在"后台"的付出:一周五次、每次持续一小时的运动;自己承担参加纽约时装周的一半费用;定期晒出健康食谱……平台给力,最终还要靠自己一步一步往上"爬"。

即便如此,事实证明,"熬"不过三个月的网红也比比皆是。每当一个行业崛起时,我们总是选择性遗忘风光背后的"饿殍满地"。

其实,网红的走红逻辑,与创业大致相似。即使在政府提倡大众创业、万众创新的今天,创业成功的概率从来都没发生改变,仍旧是万分之一。在社交媒体中,也存在一个1%定律,即在互联网中,只有1%的用户真正创造内容,他们可能是真正的意见领袖;还有9%的用户属于明星的范畴,他们可能偶尔凭借热点输出内容,但与1%相比,生命力有限;当然,剩余的90%,也即绝大多数的我们,都只是名副其实的观众。

任何潜伏着"钱力"的行业都会带动一个产业的发展,网红是一种身份,也是一种产业。在竞争激烈的今天,通过单枪匹马地奋斗成为网红不如加入投身孵化器公司,享受后者打造的"保姆＋经纪人＋供应链"服务,从内容的产出到微博文案,还有视频制作,都有专人打理,"红"起来的难度自然会降低不少。

即便有幸被孵化器选择,就一定能成为网红?很抱歉,不一定。想一想,加入经纪公司的艺人们,也不一定成为明星。说到底,还是要有鲜明的个人特色,否则,在这个张扬个性、强调观点的时代,人云亦云,一味模仿,恐怕终究会失去受众。

说白了,网红孵化器的本质是企业,仍以盈利为目的。试想,每年用于孵化一个网红的花费就要上百万元,背负如此之大的盈利压力,网红孵化器公司能不慎重选择并明智抉择?

"红"与"黑"

网红很红。

papi 酱、张大奕们年纪轻轻就已成名,并迅速积累起丰厚的个人财富。一份《2016 年中国粉丝追星及生活方式白皮书》显示,网红粉丝已成为仅次于娱乐明星粉丝的第二大粉丝群体,数量高达 3.1 亿。这就是为什么很多人将网红经济的成功归因于粉丝经济的范畴。

网红行业很"黑"。

有新闻称,为了打赏自己喜欢的网红,一名"粉丝"做起了梁上君子,偷窃金额达 10 万余元。这位近乎疯狂的"粉丝"行径,恰恰说明了网红行业的错综复杂,以及暗中蕴藏的风险。

虽然"网红大潮"扑面而来,但是,互联网"原住民"95 后对网红的态度远没有想象中乐观。根据《中国青年报》的调查,79.9%的受访者坚信网红就是为出名不择手段的年轻人,43.8%认为网红是通过整容和撒谎包装自己的骗子,40.5%的受访者则认为网红就是搞粉丝营销、卖劣质产品的卖家。①

对出现的新事物过分贬低或过分赞誉,都有失清醒与客观。客观而言,网红的出现是互联网打破信息不对称、打通社会流动区隔断的结果,相当于一场有关公平与话语权的变革。

20 世纪 70 年代,德国作家恩岑斯贝尔格便在《媒介的理论要素》一文中,幻想了一种媒介社会主义乌托邦:人们既是生产者,又是消费者;既是工人,又是资

---

① 创事记. 优衣库和宜家,为什么都成了情趣直播间. [EB/OL]. (2016 - 07 - 04). http://tech. sina. com. cn/zl/post/detail/i/2016 - 07 - 04/pid-8507875. htm.

本家；既是演员，又是观众……总之，人人既是信息的发布者，又是信息的接受者。移动互联网、直播和网红联手打造的网红时代，不正是乌托邦的现实写照？

诚然，在"公平与话语权"的背后，仍旧不能脱离经济二字，离不开品牌营销的真实目的，也无法摆脱资本的隐隐布局，但是，对时代和社会经济而言，这何尝不是一种进步和贡献？

存在即是合理。没有人有权利站在道德制高点去指责一场顺应时代潮流的经济变革或营销方式变革，也没有人有资格仅凭某群体的少数行为去指责整个群体，试问，哪个行业不是鱼龙混杂？

更何况，网红才刚刚红，网红经济才刚刚起步。抱以贬斥的态度去唱衰，不如理性思考其未来发展。如果马云在发展电子商务时，被人们评为"骗子"时就收手，肯定就没有今天的阿里巴巴。

毫不讳言，网红经济虽然改变了传统产业的商业模式，却无法摆脱新兴产业的喧嚣与浮躁，包括除电商模式外，更多变现模式急需探索；技术门槛低，版权保护缺失，难以形成壁垒；为追求眼球经济，打擦边球或"低节操"行为时有发生……

沉淀和规范的前提往往是一哄而上。在进行相关探索的基础上，对于网红经济，笔者持乐观态度：未来，在专业化运作之下，会出现一批原创性、高质量的内容生产者。网红的核心竞争力还将回归于内容本身。

到时候，想成为网红，可不是仅有锥子脸、水蛇腰就可以的！

"烧脑"的综艺有力量

《让子弹飞》中，与葛优饰演的汤师爷主张应该"跪着挣钱"不同，姜文饰演的土匪张麻子硬气十足要"站着挣钱"。事实证明，张麻子实现了"站着挣钱"的初衷，却损失惨重,赔上了二弟和六弟的性命。

移动互联网时代的新媒体营销,为企业和品牌提供了"站着挣钱"的机会。不仅如此,有些还是边玩边挣钱。而综艺节目,就是企业行走在娱乐营销之路上最不可或缺的助推器之一。

有的是边旅游边卖产品。明星旅行真人秀节目《花样姐姐》中,在酒店房间整理衣物时,李治廷对着镜头的一句话"我要通过蘑菇街手机 App,把健身奶粉上传到花样姐姐官方买手店'蘑菇街'上卖",直接导致"李治廷的健身奶粉"被一扫而空。

有的是边辩论边卖产品。当马东衣着光亮、凭借能吐莲花的三寸不烂之舌,在《奇葩说》上插科打诨似的一遍遍念叨"穿衣用有范,争取不犯二"后,"有范"App 品牌认知度飙升——比节目开播前上涨 433%!

有的是边跑边卖产品。现象级综艺标杆节目《奔跑吧兄弟》把伊利旗下的全新牛奶品牌安慕希"代跑"得家喻户晓。尼尔森数据显示,2015 年前三季度,安慕希销售额同比增长 661%。[①]

财经作家吴晓波曾经预言:互联网一方面降低了广告的功效性,另一方面增加了广告的新方向。传统形式的广告完全被颠覆,而大部分传统的营销人员也无法在现有的环境中生存。

作为营销的最基本形式,广告从来都不会消失。但正如吴晓波所言"传统形式的广告被颠覆",即使综艺节目不是新事物,在综艺中做广告也不鲜见,但互联网时代的综艺营销,也远非简单冠名、摆放产品等形式般的原始与初级,而是立足于节目本身的推陈出新,加上互联网带来"品牌传播术"的升级。

综艺营销的"爆点"在于更加注重与用户、观众互动,借由节目场景将品牌信息

---

① 伊利前三季度营收 454.79 亿元.大众证券报,2015-11-12.

"润物细无声"地作用于后者,或将节目理念、品牌价值观与人们的生活方式无缝对接。这就是对于综艺营销,你看得懂却学不会的真正原因。

从流量到场景

注意力经济告诉企业,应该最大限度地吸引用户或消费者的注意力,通过培养潜在的消费群体,以期获得最大的未来商业利益。的确,对企业或品牌而言,在今天这个碎片化时代,赢取用户的注意力,尤其是长时间的注意力,的确不是一件容易的事情,因而一旦获取就可能赢在起跑线。

现实情况却并非如此,注意力不一定转化为经济,也即流量不一定转化成购买力。规模并不等同于效益,有了客人,如果他不买单,这些看起来涨势喜人的流量,很有可能就是无效流量。

腾讯有着庞大的数以亿计的粉丝,每天的流量已经到了让同行仰望的地步。不过,以大流量为平台的商业嫁接也并非都是节节开花。譬如在京东、阿里巴巴、当当网、聚美优品、苏宁以及国美等诸多英雄新贵们血拼的电商领域,腾讯的拍拍网表现平淡,实在算不上出彩。尽管背靠腾讯这棵根深叶茂的品牌大树,拍拍网由于在价格、用户体验上并无优势,人们照旧不买腾讯的账。

综艺营销的火爆,固然是建立在五花八门的综艺节目日益吸引人们视线的基础上,但一场有营销价值的综艺节目,并非只懂得下力气吸引"眼球",还应该在营造场景上下大力气,擅长做场景营销。

所谓场景营销,就是为消费者描绘产品给他们带来的美好景象,以期激发消费者对美好预期的向往,最终产生购买欲望。简而言之,就是挖掘人性的渴望与需求,并通过提供良好体验来达到目的的软性营销。

传统营销时代,广告如同老师讲课,消费者只能坐在桌位上安静地听讲。移动互联网时代的营销,讲求参与感,企业和品牌要学会搭建一种"游乐场"式的场景,吸引消费者一起参与和体验。

我们的消费行为本身就带有一定的场景暗示。麦当劳的各种儿童套餐送玩具是为什么?还不是为创造一种和小伙伴轻松玩游戏的场景?很多汽车为什么"美化"天窗?那是为了营造和女朋友一起携手看星星的浪漫场景。宜家将各种家具装饰成一间卧室并允许消费者随意躺在床上休息,仅仅是出于善意?还不是为了激发消费者的购买欲?

对于综艺营销,只有搭建了合适的场景,吸引消费者进入,人们的需求才有可能被激发出来。

例如,在一些旅行真人秀节目播出后,拍摄地几乎毫无例外地成为热门旅游景点。在《爸爸去哪儿》第二季播出前,杭州建德的新叶村如同中国大部分村庄一样籍籍无名,且保持"沉睡"状态。自《爸爸去哪儿》第二季播出后,新叶村一夜成名——半年时间就有20多万人次前去旅游。随着人流量的增大,村中的民宿、农家乐数量急剧增加。

去新叶村游玩的大都是以家庭为单位的亲子游,原因不言自明。当《爸爸去哪儿》播出时,看到萌娃们穿着汉服读经典,家长们会不会也想让自己的孩子进行一次传统教育的洗礼?被姚明称为"最乡村的篮球架"上,篮球迷爸爸们是不是也跃跃欲试,体验一下"巨人"般的有趣投篮?看到星爸和萌娃一起玩乡村独轮车和捉泥鳅比赛,你是不是开始想象和自己的萌娃一起参加的美好场景?

旅行真人秀节目应该还有一个名字——跟着明星去旅游。被《爸爸去哪儿》带火的不仅有新叶村,还有长隆等地;《奔跑吧兄弟》第二季收官之后,塞班岛"热气"冲天;《花样姐姐》让旅游胜地土耳其焕发新颜。

无场景,不消费。明星们在真人秀中欣赏美景时的陶醉表情,在当地品尝美食时的心满意足,在当地购买商品时的美妙奇遇……种种场景,对于都市中生活节奏快速,心中渴望一场说走就走的旅游却难以满足,或因旅行目的地太多而挑花了眼的人们,构成的杀伤力可想而知。综艺节目将这一切场景呈现在荧屏之上,一遍遍提醒你:该去旅行啦!

至于旅行目的地的选择,已经有明星帮你踩过点了,还不赶紧收拾行李,马上出发?

打造你的视觉锤

移动互联网的普及,使观众收看视频的方式不再拘泥于时间、地点的限制,无处不在的网络延长了综艺节目的生命,放大了综艺节目的营销效果。因为综艺节目自带娱乐属性,与娱乐营销的匹配调性更合适,所以综艺营销的玩法,也如同超市中的商品,既丰富又多元。

成功的综艺营销必然源于综艺节目的大火。而综艺节目的火爆,与品牌传播或营销有相似之处。其实,作为娱乐营销载体的综艺节目何尝不也是一种商品?就此来说,综艺节目营销本身与内嵌于其中的商品营销,都应该遵从一条共同的法则,即打造自己的品牌语言——视觉锤。

所谓视觉锤,简单而言,就是品牌或产品的视觉呈现。与文字相比,视觉更能给人冲击力,让人印象深刻。

1973 年,心理学教授莱昂内尔·斯坦丁曾经做了这样一个实验:邀请一组人在五天之内观看一万张图片,每张图片的展示时间为五秒。然后,他采取成组的方式向被调查者再次展示图片,即一次拿两张图片,一张曾经展示过,一张没有展示过。结果,被调查者对自己看到过的 70% 的图片有记忆。

笔者曾经不止一次地猜想,如果将实验中的一万张图片换成一万句话,或广告口号,结果会如此乐观吗?

1972年,全球顶尖营销战略家艾·里斯和杰克·特劳特在杂志《广告时代》上发表《定位新纪元》一文,其后,《定位》一书出版。定位理论成为影响无数营销人的经典理论。40年后的2012年,艾·里斯的女儿劳拉·里斯出版了《视觉锤》,作为定位理论的继承和延伸,视觉锤理论冲击着营销界。

毫无疑问,我们生活于视觉时代,否则,电影、综艺为何大行其道? 如今,抢占消费者心智的明智之举并非仅用语言这枚"钉子",更要懂得运用形象的"视觉锤"。

苹果的Logo,那个被咬了一口的苹果;麦当劳的Logo,那个金色拱门M;还有耐克的钩子,星巴克的美人鱼等,都是很强的视觉锤。当你看到钩子的标志时,会不会很容易联想到耐克?

如果说语言是钉子,视觉是锤子,只有用锤子才能把钉子"敲"进人们的心里。

成功的综艺节目,也有着鲜明的视觉锤。《奔跑吧兄弟》的热播,仅仅因为明星选择到位? 或切合时下运动风? 恐怕其制造的视觉锤——"撕名牌"立下的功劳不能忽视。

观众喜欢看明星们撕名牌,还将撕名牌之风带到日常游戏之中。一提到撕名牌,就会让人联想到《奔跑吧兄弟》。恐怕,撕名牌这把视觉锤对节目成功的贡献,要大于其中任何一位明星。

在拥有强烈视觉锤的综艺节目中,以各种方式植入产品品牌的视觉锤,"锤锤联合"的营销效果不容置疑。安慕希、凌度、百岁山……虽分属不同行业,却已经"声名鹊起"。

不过,再新奇的营销方式,也不能完全摆脱传统传播方式。对一个综艺节目和品牌而言,无论视觉锤多么优秀,仍旧离不开"重复"的传播方式,即利用尽可能频繁的曝光率,给人们造成视觉冲击。

史玉柱难道不知道"今年过节不收礼,收礼只收脑白金"反复地播放,会导致观众听力疲劳?无所谓!只要大家记住脑白金这个品牌,其他都不是事儿!

这也就是为什么每期《奔跑吧兄弟》,都要上演撕名牌大戏的缘故。

幕后推手

综艺节目并非现在才有,为什么现在尤其火?不仅综艺节目的收视率飙升,还成为产品品牌知名度飙升的助推器。

互联网、移动网络的便利为人们提供了观看节目的便利性,让大家可以边挤公交车边和明星们去旅游;综艺节目更加生活化,更像是对生活的精妙模仿,又具有陌生于生活的戏剧性,吸引着观众那颗蠢蠢欲动的心;我们的真实生活充满竞争压力,而综艺节目中的轻松、搞怪,则为我们提供了宣泄的渠道……

以上种种解释都切中主题,却并不全面。移动互联网时代,社交媒体日益发达,传播通道四通八达,营销思维的运用,对于一个综艺节目的走红,并非可有可无,而是不可或缺。

大家有没有发现,今天,任何一个取得高收视率的综艺节目,无一例外会在社交网站上成为话题中心。如此看来,似乎综艺节目的收视率,与社交网站上的话题数量和关注度成正相关关系?

的确如此。不然,你以为"齐秦退赛""羽泉内定"等话题,是凭空而来抑或真实发生?如果你能想到这些话题带来的结果是,相关综艺节目的收视率飙升,心中可能就有几分确定。一个综艺节目的火爆程度,既决定于其内容,更离不开其在社交媒体上的营销。

在传统的"电视综艺"年代,有一个著名的"饮水机效应"——上班族在公司饮水机前打水时,会讨论昨晚收看的电视节目。那时的观众缺乏公关交流平台,收看节目也是单向形态，难以形成互动与分享。

社交媒体的崛起，使综艺节目的生态环境发生变化：观众不再是被动的受众，而是边看边通过社交媒体参与讨论和互动。比如"微博签到"模式，观众可以通过微博签到的方式，证明自己在看此类节目，同时将自己的感受分享给微博好友，从而增加更多人对该综艺节目的好奇感和兴趣，节目收视率自然水涨船高。

事实上，综艺节目制作公司和电视台媒体自身，都已经充分认识到互联网和移动媒体推广的作用。在一个综艺节目播放之前，节目组往往会聘请专业传播推广公司进行运作。在综艺节目推广过程中，产品品牌往往也受益匪浅。

作为内部专业人士，笔者深谙此道。

vivo 赞助的大型户外旅游明星真人秀《花样姐姐》的火爆，就是专业推广团队通过社交网络、传统媒体及门户网站等多平台多手段推广的结果。

在节目播出前，专业推广团队即以"女神""小鲜肉""玩转青春跨国游"等为主题，在互联网上引发话题讨论，进行宣传预热；在节目播出期间，又制作了与节目嘉宾相关的话题内容，比如，展开微信心理测试——旅商测试：旅途中的你是什么样子？以节目中的人物为选项——"铁公鸡李治廷""淡定姐奚美娟""大暖男马天宇""娇娇姐林志玲"……吸引粉丝参与话题内容的创作与传播，形成互动。同时，还结合每位明星在节目中的表情，放大 vivo 新品的配置特征，制作病毒海报，在互联网上"疯狂"传播。

成熟的综艺节目必然伴随着一套成熟的节目推广模式。在节目播出前，通过微博、网络视频来预热；节目播出期间或播出后，充分利用微博、贴吧等强互动媒体加以"推波助澜"，放大综艺节目的长尾效应，以维持其更持久的生命力。

对综艺节目制作方和推广方来说，这是一项烧脑的系统工程，受益的不仅是产品品牌，更体现了中国电视节目制作和推广能力。

没有粉丝的企业家没有未来

现在是一个粉丝经济时代,粉丝就是生产力。在传媒深入生活"毛细血管"的今天,企业不一定非要花大价钱做推广,靠打折、发优惠券等"暴力手段"发展,只要有粉丝,就有生存发展的底气。

社区媒体监测机构 Syncapse[①] 根据对 Facebook(脸书)上的调查结果显示,平均而言,某品牌的粉丝愿意为自己喜欢的品牌多掏 71.84 美元,不是该品牌粉丝者则不会。[②]

与用户和顾客相比,粉丝更忠诚、更热心,他们不仅是企业产品的追随者,还是企业产品的推广者。

面对花样繁多的营销策略,用户今天可能被一个折扣吸引,明天被一个礼品"拐走",不知道后天"栖身"何处,而粉丝则是企业最忠诚的用户和优质的目标消费者。

预言帝凯文·凯利曾经提出"一千铁杆粉丝"理论:任何创作艺术作品的人,只需拥有一千名铁杆粉丝便能糊口。无论你创造出怎样的作品,他们都愿意付费购买。对企业来说,也是如此。一旦粉丝对企业注入感情因素,就认定了企业,即使企业生产出有缺陷的产品,粉丝也会接受或有更多的耐心等待企业去改进和完善。

粉丝不仅是忠实的消费者,还可能是企业和品牌的宣传者。出于对某一品牌的认同和热爱,他们可能会使用微博、微信,向身边朋友甚至是陌生人推荐,为企业

---

① Syncapse 是最大的社交媒体营销平台之一。
② 笔刀.粉丝经济究竟有多少新玩法.人民邮电报,2016-06-24.

"背书"，拉来更多的顾客或粉丝。

还记得当年央视以价格为由歧视批评星巴克吗？很多星巴克的粉丝反而"不领情"，在网上奋力反击，并且照样每周都会进入他们的"第三空间"，以行动来捍卫自己的"精神家园"。

多少粉丝，多少收获

营销学上公认的一个常识是，发展一个新客户的成本是挽留一个老客户的3～10倍。互联网时代，有粉丝才能有发展、有未来。而培养一群粉丝，比打广告拼流量重要不止100倍。每个企业都应该发展自己的粉丝，并热情拥抱自己的粉丝，建立忠诚于自己的消费部落。

企业要想发展粉丝，就要为用户树立一个有人格魅力的偶像，最常见的任务选择就是企业创始者。他们可能是一个不折不扣的造梦者，甚至是一个传奇人物。

没有粉丝的企业没有未来，没有粉丝的企业家也没有未来。

路易斯·郭士纳曾在经济学畅销书《谁说大象不能跳舞》中写道："公司最初的文化通常都是由它的创办人的思想状态所决定的——即这个人的价值观、信仰、喜好以及习性等。据说，所有的组织机构都只不过是某个人的影子的延伸。"

企业家之于企业，有时候可以画等号。提到乔布斯，我们不禁会想起苹果，谈到马云，我们自然而然地会想到阿里巴巴。知识经济时代，粉丝可以"养活""养富"明星，照样可以"养活"企业家和企业。

苹果"教父"乔布斯，或许是企业家粉丝经济的第一人。

在乔布斯之前，提及科技公司，人们脑海中浮现的不是冷冰冰的实验室，就是面无表情的软件工程师。乔布斯出现后，打造出带给人们完美用户体验的产品，且以一人之力带领苹果反败为胜，并跻身硅谷公司前列，进而跃升为民众心中英雄一般的存在。

有乔布斯粉丝的"加持",苹果公司举办的每场新品发布会,都一定会成为全世界目光聚焦的科技盛会;每次发布新品,"果粉"会如虔诚的宗教徒般彻夜排队,只为第一时间买到心仪的产品。

拥有如此众多且忠心不二的粉丝,乔布斯和苹果公司想不成为现象级企业,恐怕都不可能。所以,雷军被誉为"雷布斯",小米也玩起了粉丝经济,俨然一个中国版苹果。

正如不是每位创业者都能成功一样,也不是每位企业家都能拥有乔布斯般的魅力,"雷布斯"恐怕也没有。否则,小米手机销售数量的每况愈下,以及备受诟病的"低端"形象,从何而来?

如果没有乔布斯"如有神助"般的执着与对完美的追求,并且对产品体验天才般的灵感,企业家是否还可以"拉拢粉丝"? 照样可以! 情怀也是一颗"子弹",能够直接击中粉丝的内心。

要说玩粉丝经济,靠英语老师"发家",又靠"单口相声"迷倒一大片的"老罗"罗永浩堪称无敌。不说其他"互联网手机",即使"雷布斯"加小米,都可能不敢保证一定能赢过他。

自从知道老罗要做手机,"罗粉"们都不能淡定了。而老罗也不断为锤子手机站台、发声,试图将自己的那份"我不是在乎输赢,我只是认真"的"工匠"情怀以及高度理想主义气质注入其中,把自己的粉丝转化成锤子的粉丝。

不可否认,在这方面,老罗做得相当成功。当 5000 人挤满国家会议中心,粉丝们拉着"老罗不认识我们,但他爱我们"的条幅时,估计老罗心里开心坏了。在短时间内,锤子手机官网的预订量突破 20 万台,更可能让他小小地骄傲了一下。

企业娱乐家

所谓企业娱乐家，是笔者发明的一个新词，指的是具有娱乐精神的企业家，也指企业家娱乐营销自己的行为。

娱乐营销的对象不仅仅是产品，更有企业家个人。而目前，企业家要想通过娱乐营销自己，网红是一条不折不扣的低门槛之选。

真格基金创始人徐小平在"寻找中国创客"大会上提出，网红是 2016 年最激动人心的现象，他提倡每一个创业者都应该成为网红。事实上，企业家争做网红已经不再是新鲜事儿。连华为创始人任正非都不能"幸免"，试想还有谁不想玩一把？

称之为"低门槛"并无贬斥之意，正如互联网和移动互联网打破了信息壁垒，提供给每个人公平的话语权，网红机会的出现，也给予每位企业家获取粉丝的公平选择。华为大佬任正非可以，初出茅庐的创业者也不会被排除在外。

没有新闻的明星一定是知名度不够高，企业家也是如此。移动社交时代，曝光率过高没有个人隐私固然让企业家头疼不已，而无人关注对企业也不利。要知道，流量和关注是吸引粉丝的绝杀技。

对现在的 80 后、90 后消费主体来说，接受一个冰冷的品牌的难度，要比接受一个鲜活的人的难度大得多。

根据 CEO.com 上公布的 2015 年社交 CEO 报告：83％的美国消费者认为，"网红企业家"可以更好地连接消费者、企业员工和投资人；77％的消费者更愿意选择爱用社交媒体的 CEO 的公司产品；82％的消费者表示，如果公司 CEO 使用社交媒体，他们会更信任这家公司。①

---

① 你的企业能网红吗?.汽车商业评论,2016-07-19.

只不过,企业家要想通过做网红聚积粉丝,也并非随随便便就能成功。千万不要以为网红企业家群体出现一个乔布斯,人人都能配备"果粉"!

如果自己本身没有"干货",只是一味晒私生活,仍旧高高端坐,不接地气,想招来粉丝也挺难。当然,企业家还要有强大的"心脏",做好随时"被黑"的准备。如果企业家学会"自黑"的话,说不定还能加分。

企业家网红化,既是追求粉丝经济的一个步骤,在笔者看来,也是中国经济良性发展的一个标志。

很长时间以来,笔者一直在思考一个问题:做企业家到底是件快乐的事情,还是件痛苦的事情?尤其在自己创业之后,这个问题更是久久萦绕在笔者心中。

要说是件快乐的事情,可是一提及企业家,人们对他们的印象除了资本雄厚之外,更多是与艰苦创业有关,筚路蓝缕、创业维艰、日理万机……都是用来形容企业家的。连吴晓波也曾如是感慨:"梳理近30年的中国企业史,竟没发现几个快乐的人。"

创业其实也是就业的一种方式,企业家也是有血有肉、有情有爱的人,创业过程固然充满艰难,但是,摆出一副苦大仇深的样子,就能提升创业成功的几率?再说,创业生活已然艰难,在日常生活中,娱乐一下未尝不可。

维珍航空创始人理查德·布兰森的新闻总是与娱乐切不断联系,或开吉普车进纽约,或穿着空姐制服做乘务员,或乘坐热气球飞越太平洋……不断制造娱乐内容的他,并没有阻止维珍航空的继续"飞行"。

企业家们,放轻松,一起融入这个娱乐化时代!

有粉丝,不一定有未来

以粉丝经济为代表的娱乐营销是战术,是手段,而非根本,它必然扎根于产品、服务等肥沃土壤才能枝繁叶茂。脱离产品、服务本身的娱乐营销，必定是无源之水无本之木。一时浮华，终成泡沫。

有时候，粉丝不一定是"真爱粉"，并不是企业的"死忠"。有些粉丝，一开始被企业家的大无私、大无畏或者小清新、小情调吸引过来，后来随着粉丝大涨，企业变得店大欺客，打出了不少明里暗里的、铜臭味极重的怪招，这些粉丝觉得企业背离了初衷，拂袖而去……

而且，一层层分流下来的铁杆粉丝，也不是终身制的。一旦企业发生变故，譬如企业领袖去世、产品更新不符合他们的口味，他们一样会抽身离去。

譬如以让人惊艳的产品技术、沉淀一大批忠实粉丝的苹果，在乔布斯去世后，由于推不出符合粉丝预期的产品而遭遇"果粉"的质疑与指责。

还有，罗永浩以情怀赢取海量粉丝后，却无法让粉丝继续为质量频频出问题的锤子手机买单。先是"食言"，推出价格更低的"坚果"手机，后又被粉丝送上被告席。

企业家拥有粉丝，固然可以助推企业发展飙升。但世界上从来没有"久煮不烂"的粉丝，如果不能提供粉丝预想中的产品或服务，对不起，他们可能会离你而去。尽管残酷，却是任何再高明的营销术，都无法改变的铁律。

/第六章/

碎片化传播

时间碎了，信息爆棚，拿什么抓住眼球？

这是一个越来越崇尚"短小精悍"的娱乐时代。微电影敢用 15 分钟"叫板"传统电影；微博、微信上，人们将信息口口相传；"低头族"每天盯着自己的智能手机小屏幕，吃喝玩乐，全部"秒杀"式解决。

利益推着互联网经济往前跑。"微"字当道，消费者爱吃"快餐"的需求，如同一记重拳，令娱乐时间碎了、空间碎了、生活碎了。扑面而来的，是零零散散、各式各样充满乐趣的信息，铺天盖地地把人们里三层外三层团团围住。

碎片化，即原本完整的事物，破碎成小片，或者是小块。互联网背景下的娱乐经济，碎片化主要体现在三个方面。

时间碎片化。人们无时无刻都能够去娱乐。晚上失眠时，可以拿出手机摸黑看视频；等人、等车无聊时，可以听音乐、逛网店；可能就连上厕所时，也不想浪费宝贵的娱乐时光而看看网络小说。

地点碎片化。无论你在哪儿，只要移动通信网络有信号，就不妨碍你做任何"乐"事。互联网让世界变成了"地球村"，无论身在何处，只要有网，就可以"乐"一把。

需求碎片化。在碎片化时代，人们的需求变得很零散。四川火锅、意大利面和烤串，都想拿来吃一吃。快递小哥每天四处派送的包裹里，万八千的名牌包有之，五六块的酱油醋亦有之。

娱乐营销的当务之急就是抓住碎片化的命脉，顶着各类信息的狂轰滥炸，让消费者的眼球始终盯着自己转。时间碎片化，恰恰就是关键。毕竟时间就是金钱，时间就是生命。

"碎片时间"必须用"闪"的

美国加州大学研究人员曾对办公室工作人员进行过观察，发现在 1000 小时内，人们平均每工作 11 分钟，就要被诸如接打手机、查收信息等事务打断。

各种各样的信息轰炸，让人对互联网变得分外依赖。很多人几乎天天跟自己的手机同床共枕。如果一天不能上网，很多人会觉得日子没法过。收发邮件、发送信息的应用，大幅降低了做很多事情的成本，但是增加了琐碎事情的数量，人们的注意力被分散再分散。

想要抓住人们的"碎片时间"，就要充分运用"碎片思维"，以"碎"攻"碎"。

明智的娱乐营销，要善于运用娱乐"玩"出来的武器，打"闪电战"。以最新颖的内容和形式，第一时间吸引消费者的注意力。当消费者的注意力还没来得及转移时，娱乐营销已经先抽身。这便创造了一种"欲擒故纵"的绝佳意境。

杨幂为溜溜梅代言的广告就很有意思。通篇没有太多废话，只是一再问："你没事儿吧？你没事儿吧？你没事儿吧？"正当消费者有点摸不着头脑的时候，给出一句"没事儿就吃溜溜梅"，恰到好处。

"你没事儿吧"是个有着多重含义的句子。有时是问你有没有时间；有时则是略带嘲讽地暗指你这样做太荒唐，相当于"你没病吧"；有时是问"你还好吧"。广告"预谋"用"你没事儿吧"引起歧义，在让人搞不清楚状况的时候，牢牢抓住观众的注意力。最后那句"没事儿就吃溜溜梅"则令人豁然开朗，解开谜题——吃溜溜梅最重要。

优秀的营销案例不需要太复杂。广告语有趣且朗朗上口，就是强大的竞争力。五花八门的信息争抢着往人们眼睛、耳朵里钻，那些短小、好玩儿、容易被记住的信息，总是在优先级中排在前面，甚至碎碎念一点都可以。"微"字当道的今天，没有人想把自己碎裂成小块的时间花在"背课文"式的长篇大论上。轻松且充满乐趣的"闪电战",则是闪得迅速,闪得漂亮。

"碎片时间"中的花样互动

许多人拒绝某件事的口头禅是"我很忙,最近没时间"。可究竟有多少人是真的没时间? 可能更多的是,我们的时间都"碎"了。

坐在电脑前一边看《太阳的后裔》,一边打《征途2》;QQ上有事没事和朋友聊几句,手机微信也时刻处于振动状态。我们太喜欢一心无数用了,仿佛这样才足以驱赶无聊和烦闷,电脑屏幕上同时开十来个窗口的大有人在。即便是四年才能看一次的世界杯,很多人也是边看边喊,边做些手边的琐碎事。

我们时常被这种表面上的"假忙"或者说是"碎忙"围绕着。你以为自己顺便做了很多事情,可事实是,这些琐碎占据了你更多的时间。

娱乐营销中的互动,就是要通过不断翻新的花样,充满创意地让人们在"碎忙"中兴致勃勃地参与互动。认真地玩,专注地玩,哪怕注意力只有短暂的三秒,在这三秒钟接收到的来自产品和品牌的信息,也是高质量的。

全球第四大酿酒集团嘉士伯旗下品牌冰纯嘉士伯曾经推出开心候车亭,堪称花样互动典范。

在公交车站等车,低头玩手机是常态,站台广告也不再新鲜。那么等车之余,来点什么新鲜的事情做比较好呢? 冰纯嘉士伯先是在广州推出了开心候车亭,由于操作简单,内容新奇,收效极佳,随后陆续在成都、昆明、西安推广。

想表达今天开不开心,只需在公交车站的开心测试牌上按下手印。开心按笑脸,不开心按哭脸。城市"开心指数"就这样被收集起来——广州51%、成都50.5%、西安53.7%、昆明54.8%。

大数据时代，采用这种简单有趣的方法来看看一座城市开不开心，本身就是件很有乐趣的事。人们在参与测试的过程中，觉得新奇又好玩，还不用怎么动脑筋。"碎片时间"被冰纯嘉士伯抓住，人们按手印的同时，心情也跟着轻松起来。据说有200多万市民都参与了冰纯嘉士伯的开心测试。随着媒体的争相报道，冰纯嘉士伯的"不准不开心"理念就这样被推而广之。

可见"碎片时间"内的互动不仅必须创意十足，更要尽量精简。消费者希望互动是只需略微动动手指，短时间内就能完成的，所以让消费者"烧脑"的思路就大错特错了。眼前可供选择的信息太多，少有人会倾向于自己身心被"虐"后，还要自掏腰包买商品的营销方式。

相反，轻轻松松地获得信息，何乐而不为呢！

你能在"碎片时间"收获多少尖叫？

动辄上百集的韩剧，能追看下来的多数是泪点极低的观众。更多人为什么越来越倾向于美剧？因为美剧善于利用人们的碎片化思维，将冗长的剧集分成一季又一季。每季十几二十集，剧情跌宕起伏，环环相扣，集集都有令人尖叫的看点。

有经济学专家指出，碎片化时代同样能够创造流传千百年的品牌。碎片只是事物表面存在的形式，营销的本质始终未变。与以往不同的是，娱乐营销要善于由"点"直击消费者内心。只是那一"点"，便能在短时间内让消费者为之疯狂。

有个鞋子品牌叫 TOMS，主打的休闲鞋子样式简单，但非常好穿。不过TOMS 真正受人们关注的，是它的营销模式。

顾客在 TOMS 买一双鞋，就会有一双鞋子送给有同样需要的孩子。买鞋就是捐鞋，购物也是做善事。这个消费引爆点，既是富有创造性的，又是善良的举动，这样的善良举动刚好与产品本身舒适的特性具有很高的黏合度。于是"买鞋＝捐鞋"

的营销模式,让许多消费者愿意去购买它的鞋子。

　　TOMS 的赤足日活动,也值得一提。创始人布雷克号召人们赤足一天,去真实感受那些没有鞋穿的孩子的痛苦。2016 年,TOMS 的赤足日活动来到中国,甚至不积极倡导你买鞋,只要在 nice 软件、微博和微信上晒出自己的赤足照,TOMS就大手笔地给中国孩子捐鞋。晒一张,捐一双,把之前的消费引爆点进一步升级。

　　在短暂的碎片时间里,唯独"点"能做到直击人们内心。

　　曾经的傻瓜相机是"脑残"者的最爱,今天的拍照手机则为懒人钟情。懒人喜欢轻松自在,最好只是动动手指,便把一切搞定。

　　在"碎片时间"里,娱乐营销必须是高效率,有创意冲击力,且直击消费者内心的。速度要是"秒杀"式的,内容要新奇好玩,形式要精简再精简。做到了这些,就算信息浪潮异常凶猛,我们也会成为站立于潮头、唱着"我得意地笑"的领军人物。

三秒内不能吸引用户，你就败了

　　素未谋面的男女见面,虽然男方早已把自己收拾得足够精干,女方也把自己打扮得清新可人,但是爱慕一个人,往往决定于眼对眼的瞬间。没什么具体的理由,就是喜欢,就是想在一起。

　　Facebook 大中华区总裁曾经指出,现代人的注意力只有三秒。浏览网页、看微博、看新闻、查阅电子邮件,目光多数时候仅停留三秒。过了三秒,无论主动还是被动,注意力都可能会转移到其他事物上。

　　因此,如何利用好人们短暂的注意力,于三秒钟的瞬间,令消费者对产品产生"爱慕"之情,是娱乐营销面临着的关乎生死存亡的挑战。珍贵的三秒钟被称为"黄金三秒"，在信息狂轰滥炸的今天，严重点说，它如同悬崖边最后一根稻草。抓住三秒者生，失去三秒者死。

"新"字为王

不过，无论现实被怎样碎片化，娱乐营销的本质都不会改变：创新，在任何时候都管用，特别是在吸引消费者注意力方面。

九龙斋，作为北京的百年老字号，却在广告中让低配版乾隆当主角，喝着酸梅汤玩穿越。再加以周星驰式的"无厘头"恶搞，展现了女保安与乾隆的奇妙情缘。其中，东北话、广东话、陕西话、河南话、上海话，以及英语、日语、韩语，各类语言演绎了经典歌曲《你是风儿我是沙》，可以说广告佐料丰富、看点十足。

消费者被充分吸引了眼球，惊呼 300 多岁的九龙斋这是在弄啥？

与此同时，九龙斋酸梅汤去油腻的卖点，并没有被"无厘头"掩盖。广告中先是乾隆嫌大鱼大肉太油腻，喝了宫廷秘制酸梅汤穿越到现代，误打误撞进剧组成了明星，再次面临吃得更油腻的困惑。躺在医院的乾隆终于喝到了九龙斋酸梅汤，穿越回自己的时代。此时面对大鱼大肉对自己的调侃，乾隆再也不怕了，喝着九龙斋酸梅汤，竟然又穿越到了原始社会。原始人油腻食物吃得也不少，但有了九龙斋酸梅汤，搭配就是完美。

广告中随处可见周星驰电影的身影。女保安给乾隆一块钱的画面，无疑是另类演绎了周星驰经典电影。把这样的"无厘头"情节与九龙斋酸梅汤混搭，的确需要魄力。

创新其实并不难，找对方法，消费者的注意力便始终在你身上。

首先，摸清消费者"痛痒"。

商家做娱乐营销必须明白的消费者是谁，他们中的大多数人喜欢什么。详细的市场调查,能够帮助商家更了解消费者。在市场调查基础之上,进一步探究消费者的痛痒之处在哪儿。针对最痛、最痒的地方,创造性地进行满足,这样的娱乐营销便很可能做到消费者心里去。

其次,以"点"切入,瞄准时机。

无论是"笑点"还是"泪点",互联网背景下的娱乐营销都要有一个"点",来挑动用户的情绪。无论哪个"点"的突破,重要的意义都在于低投入、高回报。360 创始人周鸿祎说:"你的产品可以不完美,但是只要能打动用户心里最甜的那个点,把一个问题解决好,有时候就是四两拨千斤。"当然这其中,时机也很重要。

2014 年 2 月,重庆全城都在寻找"6 号线女孩"。据说重庆本地三家重量级报纸,被一位彭先生买下半个版面,在其上刊登信息寻找一见钟情的"6 号线女孩"。重庆耿直的大众,一面夸彭先生痴情,一面开启全城搜索模式。《重庆晨报》的官微和彭先生自己的微博,对事件进行同步直播。

随后,彭先生再次登报,此次却是为了表明自己是一家名为名流印象房产企业的职员。此时,"名流印象亲友团"介入,发力声援彭先生。名流印象在重庆全城发出 10 万枝代表真爱的玫瑰花,希望能帮助员工彭先生找到"6 号线女孩"。一时间,名流印象在重庆知名度大增。

也有网友怀疑"6 号线女孩"是名流印象公司刻意而为之的炒作,疑似宣传自己在 6 号线周边的楼盘。甚至有网友猜测"6 号线女孩"根本不存在。不过这一事件,早已被新浪、网易、腾讯等多家知名门户网站报道,微博名人也相继关注和转发。与"6 号线女孩"和名流印象有关的信息,在重庆一度铺天盖地。

时机有时被称为先机。你摸清消费者痛痒,在其最痛最痒的时候发力,别说三秒,有时一秒也能必杀。做娱乐营销,如同躲在暗处瞄准消费者的狙击手,时刻准备着找寻目标。当你发现了最佳射击位置,稳、准、狠,及时出击,总能一击即中要害。

"情"字取胜

央视曾播出过一部公益广告，叫作《妈妈的等待》，很多人看后潜然泪下。影片采用无缝转场的形式，讲述了妈妈的一生。孩子小时候，妈妈等着孩子放学，陪着孩子回家。慢慢地，孩子长大了，妈妈由以往带着孩子跑，变成了跟着孩子跑，最后渐渐追不上孩子了。孩子展翅高飞，回头看时，妈妈已经老了。

广告展现了岁月的无情，激发了人内心的真情。广告没有任何苦难基调，简洁、流畅，却让人过目不忘。

可见，创新固然重要，但是在创新基础上的用情，更能强化创新效果，使三秒钟取胜成为必然，同时还能够保证三秒钟以后，消费者依旧会记得你、认可你、追随你。

事实上娱乐营销在情感方面，宣扬正能量、主旋律，是捷径。亲情、友情、爱情，成长过程中的种种困惑、挫折，与动物之间真挚的感情，都是可以套用的简单模式。

任何时候，宣传具有正面意义的励志题材，都不会错。故事情节甚至可以是"老梗"，"老梗"被人们一用再用，往往情更真。只要演绎方法上加入创意，以感同身受的情感吸引人们的注意力，就会产生如"最熟悉的陌生人"般奇妙的娱乐效果。

俄罗斯的潘婷公司有一条小女孩实现梦想的励志广告，很是动人。广告讲的是一个和奶奶一起生活的俄罗斯小女孩，有一头飘逸的长发，喜欢跳舞，喜欢用扎头发的黄丝带做道具，独自翩翩起舞。

奶奶用蝴蝶发圈为小女孩扎起长发，还送她到专业的舞蹈学校学习。起初小女孩胖嘟嘟的，学舞条件并不好，被同伴们嘲笑。经过刻苦练习，长大了的女孩舞技也日渐增强。终于有一天奶奶送她坐上火车去参加舞蹈大赛。

可在赛前，奶奶为女孩精心准备的演出服被对手故意弄破了。女孩没有气馁，她解下蝴蝶发圈,披散着长发,以儿时扎头发的黄丝带做道具,为评委跳了一支儿时就喜欢的动人舞蹈。画面中,女孩柔顺飘逸的长发,配以专业的舞蹈动作,让人惊呼美丽。在《卡农》的背景音乐下,女孩最终在舞蹈比赛中获胜。

故事中,满满的都是成长励志色彩。它告诉人们,努力、不顾一切地为着目标付出,就会成功。广告内容不算新鲜,但是演绎方式很新颖,最重要的是饱含情感。女孩坚持不懈的精神强化了广告中的"情",人们被深深打动,哪怕立意老套,但由于故事讲得好,仍充满了怀旧、复古色彩。

情感能够强化创意,也能够弥补创意的不足。娱乐营销的力量有多大,创意和情感说了算。

模糊定位

创新、创意大于一切。好的创意往往具有"普遍适用性",过于精细的定位,对产品的大众化普及未必是好事。如同推广一套绘本,如果你在封面上写着"适合3—6岁",那么绘本的消费者便被局限在了这个年龄段。但许多一两岁的孩子,他们也有一定的阅读基础,拿这套绘本给他们看,他们同样能看懂。

明智的品牌,在确定自己的产品理念时,都是大而化之的。这样才便于加入更多创意元素,灵活融入丰富的情感,从而让消费者真正被吸引到。

比如玛氏食品公司的士力架广告,就以"横扫饥饿"为推广点,邀请了英国搞笑大腕憨豆先生。在广告中,憨豆先生穿越到中国唐朝,大打"饿货拳",最后凭借士力架,在武林纷争中完成任务。憨豆先生演武打片,形成极大的视觉反差。憨豆的飞檐走壁如此笨拙,原来是饿了,于是来条士力架,饿货变大侠。

广告延续憨豆先生一贯的搞笑风格,配上中国风大背景,以憨豆先生的搞笑之力,三秒钟吸引了消费者。士力架的销路就这样打开了。

　　模糊定位的精髓在于心态开放，坚决不自我设限。作为品牌的母体，如果不想商品卖不出去，对消费者的定位就不能"要求"太细化。年龄、身高、爱好、口味等，那是一线销售需要考虑的事情，品牌端必须大而化之。模模糊糊地照顾到大多数，大众消费者才会青睐你。

　　有时你以为把消费者摸清了，但事实上你所了解的消费者群体未必是真实的。这并不是在否定市场调查的重要性，而是在市调基础上，将品牌定位上升到中国水墨山水画的留白境界，欲说还休，让品牌总是不断有新意，总是引领行业和消费者，令商品形成令人迷恋的气质。

　　这种神秘的迷恋最要命。

"免费"最大

　　在互联网上，影视节目可以免费看，音乐可以免费听，电子书可以免费读，游戏可以免费玩。天下就是有免费的午餐，而且这免费还越玩越大，越来越多。

　　百度搜索中键入"免费"二字，你会发现，有很多专门提供"试用""试吃""试玩"等免费信息的网站。化妆品没用过，先免费送你个小样试试；餐厅开业、促销，老板买单请你来试吃；儿童乐园、游乐场，不花钱试玩机会也很多。

　　邀请明星、主持人来"试"，把试的结果用电视节目推出，可信度更高，也会让粉丝三五成群组团跟着"试"。免费被娱乐效应进一步烘托，更加吸引人。台湾曾经有档知名综艺节目《康熙来了》，明星和主持人就经常在节目中向观众推荐餐厅。有时更会邀请餐厅老板拿美食来给主持人和嘉宾试吃。这些餐厅被《康熙来了》推荐后，人气高到爆棚。

　　商家很愿意为消费者的"处女体验"买单。不花钱还能收获快乐的事情，哪个消费者不愿意做？同时，商家和消费者之间建立信任感非常重要，如果消费者初次以免费的形式尝试觉得商品不错，便很可能会持续购买。

淘宝、京东等网购平台推出的"零元购"，相当于免费试用。不过成功"零元购"的机会，类似于中彩票。商家每次只拿出一两件"零元购"商品，短时间内获得大量关注，即使"零元购"商品没货了，可是网站流量上去了。这样做还能让不少用户捎带浏览了其他商品，促进了其他商品销量的增加。

多数时候，当营销喊出"免费"的宣传口号，消费者的注意力三秒钟便被精准拿下。他们觉得自己也不会有什么损失，何乐而不为呢？

腾讯QQ，以及腾讯公司随后推出的微信，令人们的通信观念被颠覆，这很大程度上在于"免费"。至少主体服务，或者说入门级服务是免费的，诸如申请和使用QQ号码，使用QQ空间和邮箱，申请和使用微信号，玩微信游戏等。

尽管QQ和微信要收费的消息曾经铺天盖地，但到目前为止还是免费的。免费的时间长了，消费者对商品好感稳固，甚至为企业担心起来：总是免费，靠什么赢利？于是QQ会员、微信支付等增值服务的收费，在不少老用户看来反而显得合情合理。

优酷也是这样。优酷站在"世界都在看"的高度，号称拥有业内最全视频库，观众在优酷上能找到不计其数的视频资源，而大多数都是免费的。其"快者为王"的理念，打造出视频画质好、缓冲快、不卡的效果，让用户免费观看在线视频很是惬意。用户因为免费被吸引，因为免费环境下的优质用户体验而养成观看习惯。

当观众习惯了吃优酷的免费"美食"，偶尔有几部影视剧收费，但是费用低廉，大部分人还是可以接受的。

"免费策略式营销"，被不少业内人士称为病毒式营销。俗话说："会买的，不如会卖的。"免费的病毒一旦被种下，必然还会从其他方面赚回来。没有商家会做赔本生意，因为这关系到生死存亡。

还有一种免费,叫赠品,也非常合消费者胃口。《美丽俏佳人》等美容类综艺节目,也常会与品牌合作,在节目中以及官网、官微上向观众发放化妆品赠品。

有人曾专门做过研究,发现那些有赠品的商品,总是很好卖。同时因为有赠品,客流量也会变大——张大婶可能会把免费的消息主动传播给隔壁王大婶,王大婶又会叫上李大婶结伴前行。

客流量变大了,如同淘宝店的流量上去了。有赠品的商品最先吸引消费者,其他没有赠品的商品也跟着受益。毕竟消费者的需求是多样的。连淘宝店里,人们往往会三五件搭配着买而省运费。更不要说商场、超市,赶上商家买赠促销,顾客大包小包在收银台排队结账,更是常态。

有人说,越有钱的人越抠门。其实纵然消费者不差钱,也没人愿意挨宰。很多商品,明星免费尝试了,才愿意做代言。消费者免费尝试了,从花小钱到花大钱,依旧觉得性价比高。

免费聚人气,增销量,赚口碑。

曾经一集电视剧,很多人都能专注地从头看到尾。然而现在,太多信息的干扰,使人们的注意力很难长时间集中。娱乐营销成败在于最开始的三秒,要吸引消费者,就要将消费者分散的注意力变得集中。

总之,要将大而化之的品牌理念,以创新、富有感情的形式展现出来。你要想方设法吸引消费者,让他们的眼睛始终粘在你身上。

注意力碎片化,体验一定要完整

移动互联网时代,体验就是营销。用户体验决定营销成败。

360手机助手创造性地运用"色彩营销",以马尔代夫蓝来推广品牌理念。由于充分考虑到用户体验,仅寻找"温暖的蓝色"这一元素,就动用了不少人力、物力和心力。

团队先是对13万种色彩精挑细选,常见的宝石蓝、天空蓝被放弃,美丽的地中海蓝似乎也不能准确表达360手机助手温暖的诉求。最后终于在马尔代夫找到灵感,确定了将马尔代夫蓝作为360手机助手的主打色调。

同时,360手机助手的产品总监还对画家马树青进行走访,从美术专业角度获得理论支持,得出"颜色影响内心世界"的结论。为了把色彩营销做到极致,360甚至给出了马尔代夫蓝的精确RGB(三原色光模型)值,即R:48,G:192,B:208。

所谓体验,美国体验经济学家B.约瑟夫·派恩在《体验经济》一书中解释:"体验事实上是一个人达到情绪、智力,甚至精神的某一特定水平时,他意识中所产生的美好感觉。"

用户体验是一个极具主观色彩的词。东西是否好用,花钱购买是否值得,在使用过程中是否觉得轻松、便捷,都由用户说了算。但是,对于同样的产品,良好的用户体验总归有一定的衡量标准,比如对视频网站而言,画质是否优良,影片播放卡不卡,缓冲速度如何,音频与视频是否同步等,都是良好用户体验的评价标准。

总体来说,尽管移动互联网时代用户的注意力碎片化,但用户体验一定要完整!

完整的用户体验

纵然人们的注意力不断转移,可商家必须要为消费者提供完整的体验。完整的用户体验包括三个重要因素:适用性、亲和力、颜值。

第一,适用性。其包括"有用"和"好用"两个部分。

有用主要针对消费者需求,指商品是消费者正需要,能解燃眉之急的。好用则

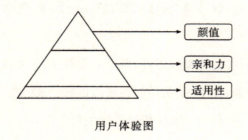

用户体验图

针对操作层面，指消费者觉得商品用起来很顺手，久而久之习惯使用它。

九阳豆浆机有一条广告就是针对适用性的。广告内容是，孩子不想喝牛奶，总挑食，妈妈非常担心，但还好有九阳豆浆机，妈妈买回家来，将燕麦、芝麻、核桃、水果等放入豆浆机，给孩子做出了不同口味的豆浆，营养丰富，口味选择多，孩子因此每天都要喝妈妈做的豆浆。

应该说适用性是用户体验的基础。多数时候，消费者只有在需要某样商品并且觉得它好用时，才会购买。娱乐营销的主要切入点也往往就在于此，因为这恰恰是商品令消费者产生购买之心的关键。

消费者的注意力可以被无数件事情分散无数次，可是当他遇到或者是在网上寻找一件自己急需的东西时，短暂的注意力还是会在商品身上停留。娱乐营销强化了商品的适用性，这往往被不少人所看重。

第二，亲和力，即商品在消费者看来是友好的，容易接近的。

飞机上的空姐接待乘客时，会保持国际标准微笑，露八颗牙齿。明星与歌迷见面，也总是笑脸相迎。为什么？因为微笑能增强亲和力，拉近人与人之间的距离。

那么娱乐营销怎么让一部影片、一件商品具有亲和力，对消费者露出微笑？善于适时向消费者示好，便是明智之举。

京东"6·18"大促，创始人兼CEO刘强东亲自送货上门。企业大佬跑去干快递小哥的活儿,只为显示自己对消费者的诚恳。

不仅如此,京东在微博发起"6·18明星送惊喜"活动。邀请各路明星大腕,如李晨、陈妍希、尚雯婕等当红明星,手捧京东"6·18"特制快递纸箱,为粉丝亲自送货上门。就连女神高圆圆,也被京东煞费苦心地启用,为自己的鞋子品牌圆漾送货。而好爸爸李小鹏,则是带着自己的女儿奥莉,一起支持京东"6·18"明星送快递活动。

如此"心机",不仅受到京东粉丝力挺,就连京东股票,也在当月有大幅提升。

可见亲和力在获得优质用户体验方面的功力,有多么强大! 消费者就是上帝,这是亘古不变的真理。任何时候,商家向消费者讨巧、卖乖,都有利于销售。就算热脸贴上冷屁股,也会在对方心里留下好印象,而好过于"高冷"得让人觉得难接触。想反过来让消费者去讨好商品,在今天竞争如此激烈、信息多样化的情况下,可能性极低。

第三,颜值,即商品外观、品牌以及企业领导人形象等。

好看的人和事物都会受到更多关注,商品好不好,质量很重要,但是颜值高不高,也在极大程度上影响着销售。

京东自营的伊利金典有机奶,在以往送货时,快递小哥会直接把纸箱拎给用户。这引起了部分细心妈妈的不满。为什么? 因为价格较高的有机纯牛奶,常常是妈妈订来给家里的老人和孩子喝的。而把纸箱直接拎给用户,在运输过程中,箱子上会沾有尘土。妈妈拿到牛奶就会担心,牛奶在快递过程中会不会被污染。再加上受新闻里播出的"毒快递"事件影响,有些妈妈就会在评论上给差评。

后来京东在牛奶箱外面套上了一层塑料袋,将套着透明塑料袋的牛奶送给用户,果然好评如潮。千万别小看这一层塑料袋,恰恰就是这一层薄薄的塑料袋,提升了商品颜值。牛奶箱上的尘土少了,看上去更干净。用户看到京东如此用心负责,对京东快递配送的商品更是一百个放心。

爱迪生说:"最能打动人们心灵的还是美。美立刻在想象里渗透一种内在的欣喜和满足。"颜值高,视觉形象好,消费者看着赏心悦目,买到手里也是百看不厌,这样商品从外观上就打动了消费者。商家同时运用恰当的娱乐营销手段,维护好视觉形象,让消费者自然而然地喜欢上商品。

完整的用户体验,以商品适用性为基础,注重打造完美亲和力,视觉设计过硬,颜值高。适用性、亲和力、颜值,这三个方面必须有效整合。对其中任何一部分"偏心",极可能造成用户体验失衡,反而得不偿失。

如果只注重商品适用性,强调东西有用、好用,但是让消费者有距离感,或者是外观颜值不高,很多消费者未必会买账。同样的道理,企业始终向消费者示好,东西质量不行,又或者是商品外观很漂亮,可总是一副"高冷"的样子,恐怕掏腰包购买的人也是少数。

负能量用户体验"转正"

碎片化时代,情感营销很重要。无论你的营销做得有多娱乐,在大众心里产生共鸣才算成功。一句话,营销必须是被人认可的。

企业把完整的用户体验做到极致还不够,更要关注用户的负面体验。不要怕负面,有时候,如果能够把这些充满"负能量"的用户体验加以利用,更能让人在负面体验中吸取教训,起到吸引眼球的极佳效果。

开车看手机,容易引起严重的交通事故。香港大众汽车为了向公众传达"开车别看手机"的理念,曾精心上演了一幕电影院惊魂场景。

大众汽车公司将影片开始播放前的广告位包下,广告的开篇为观众放映了一幕开车行驶中的画面。沿途风景优美,随着动感的音乐,电影院里的部分观众甚至跟着节奏晃动身体。

突然,在场的所有观众都收到一条大众汽车公司发出的短信。当他们低头看手机短信的时候,前方屏幕上发生了惨痛的交通事故。刚才还跟着音乐轻松摇摆的观众,刹那间惊呆了。

最后影片提示大家:"目前开车看手机是导致交通事故发生的主要原因,请珍视生命,开车别看手机。"

这则广告独具创意。大众汽车"别有用心"地将不少汽车厂商非常害怕提及的车祸,以负面体验的方式搬上台面,将多媒体、声光画面和手机通信技术结合,通过模拟现实的方式,给观众以警示。

着实让观众吓了一跳的大众汽车,不仅没有因这起逼真的"车祸"自毁形象,相反,让人们体会到了厂家的责任感和对顾客的关心。

万变不离其宗。娱乐营销运用到极高的境界,一切形式、一切事件、一切内容,都可以转化为最能吸引眼球也是最能创造价值的事情。

发生在青岛的"38元天价虾"事件,充分体现了一座城市的智慧。

肖先生在2015年国庆时到青岛旅游,点了一份38元的虾。结账时,餐厅才告知,这虾是38元一只。肖先生的负面体验受到媒体的广泛关注,青岛城市形象一度受损。

不过,青岛马上利用媒体官微,推出《至少,青岛还有他们》专题组图。图片中都是默默无闻为青岛城市建设辛苦工作、付出的人们,有环卫工人、救生员、安检人员等。微博文字更指出"38元天价虾"事件被过分放大,组图则表现了"山东人也会反抗,这是孔子之乡,俺们都是实在人"的主题。

没有什么是完美无缺的。俗话说:"常在河边走,哪有不湿鞋。"对任何产品带来的负面体验,商家如果能积极应对,做出适当的危机公关,很多时候在转危为安的同时，也能在较大范围地引起广泛关注。

网络技术高速发展的朝代，注意力碎片化并不可怕，但要保证完整的用户体验，对任何细节都不能疏忽。娱乐营销并非模式化，而是灵活多变的。若遇到问题，消费者已经产生了负面体验，更需要商家勇敢面对，承担起责任。

就人生而言，谁的青春不迷茫？事实上，每一次营销也都有迷茫的时候。只有拨开云雾，才能重见蓝天。玩转娱乐营销，不仅需要理论，更需要悟性。然而悟性在很大程度上，都是边做边提高的。

娱乐营销就是要随时随地关注用户体验，做好用户体验，推广用户体验，收获用户体验。

小众即大众：不可能讨所有人喜欢

俗话说，"众口难调"，精明的厨师都会坦然面对这件事。一位米其林星级厨师，就算是把西餐做到极致，还是有人偏爱中餐。川菜厨师，即使把厨艺修炼得炉火纯青，还是有人不吃辣。

让我们再来看看光怪陆离的娱乐圈。TFBOYS、鹿晗、吴亦凡、邓紫棋、吴莫愁，这些在今天受欢迎、有市场的明星，也日渐走个性化道路。以往千篇一律的港式造星模式，偶像派的高冷风格，早就退出了娱乐营销阵营。

这是一个崇尚个性的年代。

"我有我主张"成了不少现代人的座右铭。想要在短时间内制造大众流行，其实是有难度的。想要创造出人人都爱的商品，反而极有可能创造出人人都不爱的"四不像"。

因此做好娱乐营销，有四个趋势需要特别注意。

趋势一："小而美"的品牌哲学

心理学家马斯洛告诉我们，人们对某种事物的喜好，常常由骨子里的基因决定，与个人的性格、气质和品位密不可分。这甚至决定了他的社交圈。

德国南部有个小镇，被称为是"弯脖之城"。为什么这样讲？因为它是今天著名运动品牌"彪马"和"阿迪达斯"的发源地。由于这两个品牌是竞争关系，这座小镇的粉丝们也形成两派，彼此之间是"死对头"。据说镇上的人们交往前，先要弯下脖子，看看对方鞋子上的标识。如果是"阿迪粉"遇到了"彪马粉"，那便真是冤家路窄了。这两路人就算是坐公交车，都不同坐。

"我"就是喜欢"我"喜欢的。

互联网上信息如浪潮般汹涌，大众都知道的事物早就失去了新鲜感，反而是小众的显得与众不同，更有吸引力，"没听说过"反而显得"高大上"。最令人感到惊喜的是，消费者发现，这"没听说过"的品牌，商品质量比预期好上数倍，用户体验让人情不自禁点赞。

这便是"小而美"的品牌哲学。

看一部少有人知道的小众电影，文艺范儿十足。比如国产小众电影《我们俩》，看过的人很少，但豆瓣上的评价极高。再如音乐，不少流行歌曲都被大妈拿去跳广场舞了，相反，听一些别人极少听过的歌，反而令人惊喜。

再说品牌，LV固然够大牌，但是仿品水货着实令人头痛。小众品牌知名度没有大牌高，但是如nisiss、乐卡克、梵克雅宝等，都非常强调质感。精工细致的小众品牌，常与高质量挂钩。小众品牌低调却优质，显得高端典雅。

正所谓"酒香不怕巷子深"。人们似乎越来越将小众的东西，默认成是香甜的美酒。相对于大众的通俗，每每提到小众，常有人会抱以欣赏。

"小而美"的品牌哲学，时不时就会惊现新高度。

趋势二：你不可能讨所有人喜欢

碎片化时代，大众需求被不断细分，小众需求得到前所未有的重视。

小众需求五花八门。只有想不到，没有不敢想。面对繁杂的市场需求，企业如果还不明白"不可能讨所有人喜欢"的道理，不是在穷忙，就是有可能被过多的战线累死。

例如海尔已经算是受众覆盖面较广的品牌了，除了冰箱、洗衣机、电视这传统三大件，扫地机器人也做得不错，净水器也做得挺好。另外，海尔还有电脑、手机等产品。可是如果让海尔去卖女装、卖钻戒，至少目前不太可能，消费者可能也会觉得奇怪。

讨好喜欢你的人，把你能照顾到的小众市场做好，做精致，这便可以收获足够的财富。

伴随着自媒体的兴盛，小众充分发声。谁，需要什么，喜欢什么，淘宝店铺里的商品评论、微信朋友圈每天的更新、各大论坛里的无数口水仗，都写得一清二楚。

商家们更是开始扎根互联网，"上网族""低头族"成为不少品牌主要想"拿下"的目标客户。这是一个消费者真正成为上帝的时代，这是真正的买方市场，不过这个买方市场却可以在娱乐营销的掌控之中。

刺激小众需求，引导小众消费，以小众带动大众。这是策略，也是一劳永逸的营销方法。

意大利的莱尔市场，就非常善于创造"小众化"，那里出售的商品都是刚上市的新款。面对那些被消费者争相购买的新品，莱尔市场显得很淡定。当有消费者提出，希望某种断货商品能迅速补货时，莱尔市场给出的回答却是：对不起，这不可能。因为莱尔市场的特点就是只销售首批新品，消费者想买第二批，那就只好去别处了。

"小众印象"一经形成,消费者常会主动改变自己去适应。莱尔市场表面的高冷策略,并非真高冷,其目的在于引导消费。小众营销的优势很大程度在于,既照顾到消费者需求,又不向消费者过分妥协。小众需求被很娱乐性地满足,商家也没什么损失,双赢是必需的。

趋势三:贴上"小众"标签更有口碑

淘宝的购物体验,让我们学会了买东西先看评论。大众点评网上,餐厅东西好不好吃,有没有停车位,一搜便知。口碑在网络时代,比以往任何时候都重要。90％以上的好评,能让初次购买商品的用户对商家建立一份宝贵的信任,可是一个差评就可能秒杀十个有购买欲望的购买者。

人们愿意为小众产品掏腰包,很大程度在于,小众不是粗制滥造的地摊货。确切地说,小众是有质感、好口碑与创新的综合体。甚至很多小众商品有极其自我的坚持,就算不卖座,也要追求高质量。就拿豆瓣上推荐的很多小众电影来说,虽然票房不乐观,可网友好评如潮,获国际大奖的也很多。

小众的好口碑,常让人们与鄙视拜金联系在一起。比如北京、上海、杭州就有很多隐匿在巷子深处的小众餐厅。像北京交道口附近的藏红花西餐厅,西班牙海鲜饭做得地道可口,提拉米苏口味细腻精致,就餐的人们感到随性,惬意。关于这家餐厅的推荐和评论,网上铺天盖地,网友把这家餐厅夸得既文艺,又有格调,小众得让人心生向往。

当然今天的人们还在努力为生活、为理想赚钱,可在消费上,越来越多的人开始崇尚"自我"。大众消费规模庞大,细节不好控制,又或者有些商家盲目拜金,兜售低质量廉价商品。小众消费则由于精工细作,质量上会有一定的保障。所以就算价格贵点,可花钱买到好东西,买到优质的用户体验,也让人觉得这钱没有白花。

趋势四:收费彰显小众优越性

以往数亿网民的逻辑是,互联网上的一切都必须免费,收费可耻。腾讯 QQ 就曾在免费与收费之间徘徊。QQ 号申请刚开始收费,就流失了大量客户,腾讯最后无奈,还是选择了免费。那时,甚至有专家指出,互联网上推广收费项目,在中国根本就不可能。

可是看看今天的腾讯 QQ。除了申请 QQ 号、邮箱服务等依旧免费,收费项目不计其数。细数一下你 QQ 好友名片上的那些小标志,不少人都是使用了一连串的收费项目,黄钻、绿钻、蓝钻、粉钻……各种颜色的钻,各种收费。曾经"收费死"的互联网逻辑已经发生了转变。收费这件事,也高调得小众起来。

收费的 QQ 会员与普通用户,在头像就能体现出差别。优酷上看视频,收费的影片就是让观众能提前一睹新片"芳容"。在不少人以猜测的口吻讨论着某部新电影时,你却可以说"那电影我看过了"。普通游戏迷还在为赚一套装备辛苦打怪兽,高端玩家直接花钱买了套精良酷炫的装备,和其他玩家对战时,要多酷炫有多酷炫。

这都是收费为少数人带来的绝对的优越性。

收费在很多人看来是少有人尝试的事,是极其小众的事。可是看看各大网站提供收费项目的后端,或者做些调查问卷,就会发现,在互联网上选择收费的大有人在,甚至可以用不计其数形容。收费即便没有全网普及,但也逐渐走进大众视线,只是很多人还没有这样的意识。

因为免费的互联网印象已经在人们头脑中根深蒂固,所以很多人主观地认为,其他人不可能像自己一样愿意在网上花钱买服务、买体验。收费被人们认为是很小众的事情,可是收费带来的优越性却令越来越多人感到满足与喜悦。我花钱了,我享受得心安理得。这份满足,让小众的优越性开启了大众普及端口。这对于在网络上安身立命的企业来说,是一件好事情。

有专家指出,碎片化时代,大众消费很可能碎裂成多个小众群体,小众经济、小众营销、小众消费被逐渐提上日程。

想要取得小众营销的成功,需要把握好三个要素。

要素一:灵活

小众营销规模小,身量轻,对于小众消费者有更强大的适应性,可以随着消费者不断变化的需求,"见风使舵"。假如始终坚持灵活的小众营销,便可以玩转市场。

有家很有名的小众蛋糕外送品牌,叫作派悦坊。这个多数人并不熟悉的品牌,已经覆盖了北京、上海、杭州、天津四座城市。

派悦坊的创始人是一对跨国情侣,美国小伙与北京姑娘的爱恋,烘焙出了派悦坊的高品质蛋糕。

不少人因为追看美剧《破产姐妹》,于是特别想吃纸杯蛋糕,剧中两个姑娘就是靠销售自己制作的纸杯蛋糕创业成功的。《破产姐妹》给派悦坊带来了灵感,于是他们也为消费者做出来了各种独具创造性的纸杯蛋糕。

蛋糕和糖霜不再只是甜的,里面有咸口味的培根碎末,蛋糕胚里还有威士忌。混搭得独具创意,吃起来又很美味。这是《破产姐妹》主人公在剧中尝试过的创意,而派悦坊的纸杯蛋糕在糖霜中加入威士忌,经过灵活的改良,再加入上好的加拿大枫糖,堪称脑洞大开,口味更加独特。只不过这款"Max 纸杯蛋糕"的成本极高,在大众化流水线上是难以实现的,所以派悦坊也极其小众地每天仅推出 50 盒。可想而知,纸杯蛋糕一面市,瞬间被消费者"秒杀"。

要素二：互动

微信让微商迅速崛起。不少淘宝店主和实体店主，看到了微信的强大杀伤力，于是遇到新顾客先加微信，建群搞活动，忙得不亦乐乎。微信作为一种多功能的社交工具，在今天异常活跃。

微信营销有个显著的特征，就是顾客黏性特别好，商家与顾客之间互动频繁。今天你找我买东西，我就送你点小赠品。明天你介绍朋友来找我买东西，我就请你吃顿饭。

人际关系就是在互动中变得熟悉起来，信任感也是在互动中变得无比坚固。

其实仔细研究一下，你会发现大多数微商经营的消费者就是小众群体。消费者数量没有大众化那么铺天盖地，但是每个人的需求都很独到。甚至商家在朋友圈发一件比较冷门的商品，三秒钟后竟然有人联系商家要买。

做好小众，积极互动，企业要更加务实，提供的服务要更讲究，更加照顾到顾客的优质体验。

话剧、展览、音乐会等很多也都在走小众路线，其中的原因也在于互动。

小剧场里演出的话剧，场地不大，观众少，但是主创人员兢兢业业，演员和观众互动频繁。观众和主创人员像老朋友般建立了深厚的友谊。而有了这帮忠实粉丝的支持，宣传费省了，人与人之间的口口相传，成了最坚实的效益链。著名演员奚美娟，就是在小剧场话剧中被人们熟知的。

展览则不仅仅只是展览，一些互动环节的添加，让人们乐在其中，往往还能实现创收。音乐会更多的是音乐家与乐迷的交流见面会，歌手与粉丝之间的感情促进会。

如果一个大牌明星在互动中具备小众思维，知道粉丝喜欢什么，甚至知道粉丝叫什么……对自身形象具有极大的提升效果。大牌对粉丝越熟悉，粉丝就越是觉得受宠若惊,便会更加卖力支持,为之做宣传,赴汤蹈火,在所不辞。

要素三：低成本

小众玩的是小而精。在小众营销的过程中,必须始终坚持低成本路线。

一个影视节目中插入广告,我们希望看到的是只针对核心消费群体,做定向宣传。比如小众喜欢看《欢乐颂》,那么集中力量做好该剧的广告植入,其成本远低于铺天盖地的推广模式。

没有哪个生意人不计较成本,成本是一切盈利的基础。小众营销就是有绝对的实力,将成本降到最低。比如借助新闻事件,借某部影视剧的某个细节,借一切可借之势降低成本。当然,把品牌或者商品自身打造成"有故事的人",也是捷径。

曾负责过淘宝搜索的鬼脚七,不做淘宝后,以自媒体人身份活跃于网路。写了《做自己》《爱生活》《没事别随便思考人生》等很多畅销书。然而网上有则更劲爆的消息是,鬼脚七于2015年年底出家了,做了一名行走僧人,从五台山步行到峨眉山。

鬼脚七的行为是自发的,低成本的,但是带来的连锁效应却很大。书自然卖得更好,粉丝更多了。同时出家的经历,即便是短期行为,也为鬼脚七的人生加入了不一样的色彩。

小众营销的精要在于"转变思维"。大众营销上的铺天盖地固然有效,但是小众方面的短小精悍也足够吸睛。

在很多用惯了互联网和移动设备的消费者看来,东西小点没关系,广告少点没关系,知名度低点也没关系,但必须得是好东西。

做娱乐营销必须有这样的思维,必须重视小众。如果眼睛只盯着大众消费,那么早晚商家会被这种思维累死。你不可能讨所有人喜欢,这是千真万确的。当我们把小众抓住,把故事讲好,把产品做好,那么小众就会带动大众,甚至成为大众。

/ 第七章 /

大数据＋

广告已死？

碎片化时代，广告越来越难以接触到用户，悲观的人开始为广告唱衰，高唱"广告已死"。

不得不说，他们实在太悲观。广告是营销江湖里的不死鸟，死去的不是广告，是逐渐被瓦解的传统广告方式。一波一波的后浪推上来，曾经红透天的传统广告，正逐渐褪色。

少年弟子江湖老

少年弟子江湖老的故事，从来不乏猛料。

财经作家吴晓波在其《大败局》中讲述的秦池1994年激情燃放梅地亚的故事，不少50后、60后甚至70后企业家依然心有戚戚焉：

唱标结束，山东秦池酒厂以6666万元竞得标王，高出第2位将近300万元！

"谁是秦池？"

"临朐县在哪里？"

从当时的一张照片可以看出，在场的姬长孔还很不习惯镁光灯的聚焦及众多记者的簇拥，在拥挤的人群中之中，在火一样蹿升的热情中，他还笑得不太自然。但他显然知道，他终于来到了华山之巅。

跟第一年的推捧孔府宴酒一样，中央电视台对着秦池给予了巨大的造势回报。秦池酒迅速成为中国白酒市场上最为显赫的新贵品牌。1996年，根据秦池对外通报的数据,当年度企业实现销售收入 9.5 亿元,利税 2.2 亿元,分别为上年的 5 倍、6 倍。[①]

曾经被视作中国企业界最重要英雄会的梅地亚招标会年年开,但标王身上的光环逐渐暗淡。

土豪式的黄金时段广告,已然无法一呼百应。

一位后来居上的广告新星——互联网广告,其辉煌事迹也被津津乐道。

当年易贝(eBay)与淘宝打得水深火热时,易贝财大气粗的气场霸道十足,但马云却避其锋芒、另辟蹊径。天猫创始总经理黄若说:"易贝的战略是几大门户网站的浏览用户是它的客户,只要把这些客人守住就可以高枕无忧。而淘宝的思维是,既然那些门户网站用户是易贝碗里的肉,要从易贝碗里把肉摇出来很困难,为什么淘宝不到海里去寻找潜在用户?"

于是淘宝线上走的是群众路线,推广地点侧重论坛和中小型网站,淘宝内部称之为"农村包围城市"。通过发动各个论坛有影响的发言者为淘宝呐喊,不断制造话题,积累了一批稳定和热情的早期用户。

2008 年 2 月 27 日,搜狐首页第一次出现了凡客的广告。次日深夜两点,陈年(凡客诚品创始人)发现,在互联网做广告的第一天,单日销售金额突破 30 万!陈年认为,正是从那一天,他们真正地开始在互联网上发展。

2008 年 7 月,凡客推出一系列广告,以"凡客体"彰显品牌的自我表达和个性形象,另类的表现手法很快招徕大量的网友围观,迅速抓住了人们的眼球。人们一想到凡客,就想到凡客体,使得凡客品牌与其他品牌产生巨大差异,并把认同凡客

---

① 吴晓波.大败局.杭州:浙江大学出版社,2013:8.

价值观的人们聚集在一起。

以 80 后作家、赛车手韩寒为代言人的凡客体：

> 爱网络，爱自由，
>
> 爱晚起，爱夜间大排档，爱赛车；
>
> 也爱 29 块的 T-shirt，我不是什么旗手，
>
> 不是谁的代言，我是韩寒，
>
> 我只代表我自己。
>
> 我和你一样，我是凡客。

这场营销给凡客带来了难以估量的关注效应，这也是互联网带给电商的巨大机会。

在互联网上，口碑传播变得更加方便快捷，如同病毒迅速蔓延，这种用户自愿接受的特点，使得互联网营销比传统营销成本更低，但收益更高，效果更加明显，且远远超过预期。正如凡客体迅速抓住消费者的眼球，形成独特的品牌印记。但时代瞬息万变，层出不穷的广告亦是"红颜易逝"。

互联网广告都不能所向披靡，纸媒的日子更是风雨飘摇。

《小时代》里刻意描摹的"开不完的 party，看不完的 T 台，穿不完的貂皮大衣"的"醉生梦死"的日子渐行渐远，以前人们削尖了脑袋往里挤的时尚杂志，再不是电影《穿普拉达的女魔头》中的设计师指着时尚杂志说的那样："你知道吗？你工作在一个负责出版近百年来顶尖艺术家作品的地方，它不仅仅是杂志，而是希望的灯塔。"时尚杂志不再光鲜亮丽，面临广告萎缩、人员流失、转型阵痛等诸多挑战。它们曾经站在时尚的最前端，对娱乐、时尚、奢侈品"指点江山"，"不可一世"如同女

王,却不得不从广告收入骤减的云端跌落。

诸多广告方式在时代的巨变中乏力,但这并不意味着广告已敲起丧钟,迅速过时或者失去药效的是广告方式,而广告的效果仍在。那些能够以出其不意的方式、耐人寻味的内容、过目难忘的效果打动消费者的广告,依然有着相当出色的传播效果。

消费者的新口味

"变天"的是这个时代,是这个时代的消费者,是消费者的欣赏趣味。他们更容易获得信息,尤其是口碑信息,他们更难被营销洗脑,不再被广告牵着鼻子走。更关键是,他们有高学历,有知识,他们的审美逐渐影响他们的父母。

消费者的"刁钻"口味推着潮流往前走,传统的广告模式被打得落花流水,曾经"端一盆水给妈妈洗一次脚"的温情模式、"世界我最强"的自信模式以及"最炫民族风"的洗脑模式,似乎都难一次戳中观众的泪点、笑点和"跟着摇摆的点"。不过,出乎意料的是,娱乐营销的热情却在不断高涨。

娱乐事件层出不穷,娱乐营销手段不断翻新。譬如 2016 年的 8 月,除了巴西里约热内卢的奥运大冒险被网友们乐此不疲地吐槽,奥运村的坏马桶、大摇大摆的抢劫案件、中国制造的神器——蚊帐,还有咱们为国争光的奥运健儿们——孙杨的眼泪,杜丽的淡定,体操小姑娘的倔强与坚持……都让人津津乐道,其中风头最盛的就是那位用了洪荒之力的傅园慧,比赛完接受记者采访时夸张的表情和经典的段子,让人们记忆犹新:

58 秒 95?我还以为 59 秒,真的不敢相信。我确实尽力了,我已经使出洪荒之力。

鬼才知道我过去三个月经历了什么,有时候真的以为自己要死了。那种感觉,生不如死。

我已经很满意了,我对半决赛的成绩非常满意。

多么坦率可爱的小姑娘,这可是不再唯金牌至上的感言,于是傅园慧成了一股清流。萌翻的表情和无招胜有招的段子,让她直接从游泳健将变为娱乐明星,"洪荒之力"这个词也瞬间火了。有人注册了"洪荒之力"的品牌商标,产品的制造用了"洪荒之力",歌手用"洪荒之力"开了演唱会。有好事者推算,傅园慧的广告身价已经达到800万以上,直播单场身价已经达到60万到100万,"盛气"不输孙杨、宁泽涛。而傅园慧却很淡定,"大家这么喜欢我是个意外吧,我相信总会随着时间被冲淡的"。

全民娱乐已是大势所趋,我们都站在风口上。传统广告要转型,必须要找到娱乐的风口。但是,娱乐事件瞬息万变,各种 IP 乱花迷人眼,到底哪个明星,哪种方式才能"活得更"久,什么梗才能戳中群众雪亮眼睛的泪点? 还需大数据来说话。

审时度势大数据

互联网时代,"没人知道你是一条狗",而大数据,却让人们轻而易举地知道"你到底是不是一条狗"。

打破信息不对称的那把斧头,叫大数据。数据不是你理解的数字,互联网时代,一切信息都可以数据化:微博是数据化的思想或观点,天猫、京东商城上琳琅满目的衣服以及功能各异的家电是数据化的商品,各种团购网站的打折信息则是数据化的服务……

　　我们每个人都是大数据的制造者，我们在上网时留下的数据很有可能"出卖"了自己。有了这些数据，谁都不可能"深藏功与名"而不被人所知。

大海里捞出热 IP

　　很多人说，鹿晗是从大数据里跑出来的。鹿晗，因其面容精致、身材纤细、彬彬有礼，作为前韩国 12 人男子偶像组合 EXO 的一员，担任主唱、领舞、门面担当进而成为大众偶像。

　　他到底有多火？大数据一目了然。

　　2015 年 9 月 25 日，吉尼斯世界纪录正式宣布：鹿晗于 2012 年转发的一条微博，截至 9 月 2 日共获得了 100252605 条评论，吉尼斯世界纪录认证官 Brittany Dunn 现场为鹿晗颁发证书。他的微博超过 50 万条评论的比比皆是。

　　百度以数字内容量、品牌关注度、品牌参与度等为综合指标，对 2014 年度"男星品牌数字资产"进行大数据计算，鹿晗又独占鳌头。自 2014 年至 2016 年，鹿晗百度指数一直"蒸蒸日上"，在 2015 年 11 月，周平均值达到 234762。在全球最大的中文社区百度贴吧上，截至 2016 年 8 月，鹿晗拥有 308 万会员。也是在 2014 年，两本顶级女性时尚杂志 ELLE 和《时尚芭莎》分别以鹿晗和吴亦凡的照片作为封面，打破了女性时尚杂志不会选择男星为封面人物的惯例。

　　2016 年 1 月 23 日，♯鹿晗♯这一话题成为首个阅读量突破 400 亿的明星个人关键词。

　　大数据明明白白告诉我们，未来的趋势不能再固守传统套路，否则砸太多的钱，渗透再多的情怀，也可能收不到好的效果。

大数据带来的机会

　　大数据时代给各行各业带来了根本性变革,让人们看到了大数据的机会。在信息高速流动的互联网时代,无论传统企业,还是互联网企业,在拥抱大数据为用户提供个性化产品或服务时,更要凭借自身专业的知识和经验,对数据进行冷静而深入地筛选,才能挖掘到真正对用户有价值的数据。

　　企业挖空心思追寻的大数据,无非都是为了发现并满足用户需求。只要保持清晰的用户导向,企业就懂得如何在浩如烟海的大数据中去伪存真,就能根据自身的需求有效抓取、分析大数据。

　　在大数据方面,互联网公司拥有天然的优势。百度的“可怕”之处,就是它可能掌握着你所有的网上搜索数据,明白你对什么感兴趣、想要什么;阿里巴巴的厉害就在于,知道你的交易数据和信用数据,对你喜欢或购买什么样的衣服、鞋子、箱包等商品,了解得一清二楚;腾讯凭借 QQ、微信两大“神器”,包揽了你几乎所有的关系数据和社交数据,你有多少好友、经常和谁联系等,它都特别清楚。

　　数据反映的是用户的声音,这是企业最大的宝藏,也是最强的竞争力。通过用户数据,可以分析判断用户需求;通过用户的评价数据,有助于为其提供相应的娱乐营销。

　　现在,基于大数据和对大数据的挖掘,企业能够实现的精准营销策略为:如果你刚刚购买了一本《西游记》,网站会自动提醒你“买了这本小说的顾客中 70％ 的人买了《三国演义》”;而当你购买了一瓶沐浴液后,网站自然会为你推荐一款对应的洗发水。前者是基于用户喜好,后者基于商品之间的关联度。

　　随着大数据的深度挖掘,未来可能出现这样一种场景:你想去网上购买一个音响,登录网站还未搜索时,你喜欢的偶像鹿晗已经推荐了两种适合你的音响,并且还是你心仪的品牌。为什么网站会如此"知心"？很可能因为你是鹿晗贴吧的铁杆会员，或者在朋友圈里乐此不疲地发布有关鹿晗的任何信息。

大数据不仅能够提前获取用户数据，寻找到不同数据间的关系和匹配度，进而及时洞察市场，精准地找到自己的用户，它还是娱乐精准营销的"信号灯"。通过对大数据的分析，企业就可能看到未来一段时间里，什么样的娱乐节目可能会火。根据这些情报，娱乐营销可以提前布局。

大数据的预测功能，将颠覆传统的商业模式和规则，让信息变得更加公平、平等。热播美剧《纸牌屋》就是一部用大数据"算"出来的电视剧。关于"拍什么、谁来拍、谁来演、怎么播"，都由统计出的数千万观众的客观喜好决定。《纸牌屋》的大数据包含了 3000 万用户的海量收视选择、400 万条评论、300 万次主题搜索。当然，《纸牌屋》的成功绝不仅仅限于大数据。但是没有大数据，这个第二季开始剧情就大滑坡的政治剧真不太可能这么红火。

用数据看透人性

成功的商业一定基于人性。大数据时代，你敢肯定你知道用户心里到底想要什么？

已经被极大丰富的物质产品和服务"宠坏"的消费者，品味迥异，你能否面面俱到，一一"对症下药"？

所有迷人眼的繁花背后，却又归宗于人性，那些满足用户需求，被看作达到极致用户体验的营销一定是满足了人性。

人性

人性，这个听起来无比"高大上"，被卡耐基大书特书的词汇，其实是一种人们最原始的渴望，也是一种最真实的需要。

人性既有善的一面也有恶的一面。人们勤劳、善良、勇敢，有爱心、同情心、感恩之心、责任心和怜悯心，也天生背负着傲慢、妒忌、暴怒、贪婪、懒惰、色欲、暴食等"七宗罪"。

畅销书《商业的常识》一书作者申音表示，营销关乎人性，人性中既有贪婪、虚荣、好色、懒惰等特性，也有追求真善美的一面。营销要打动人心，必须把握人性。

购买奢侈品，满足了人性中的虚荣；外卖、电子商务平台解决了人们因繁忙而无暇购物的难题；热门的众筹模式，让人们获得了参与感。

用时下最时髦的话来说，就是好的产品和服务，一定要为用户提供合乎胃口的用户体验。人性得到满足，用户就能产生美好感觉。在非控制话语权兴起的年代，在用户掌握话语权、用户说了算的年代，任何商业模式的胜利，一定是基于人性的胜利。这一点，不分传统企业，还是互联网企业。

苹果产品的伟大之处，就是在于其直接触碰人性，满足人类对完美、简洁的追求，以及喜欢触摸的天性。苹果手机滑动解锁的设置，即使看不懂文字的两岁小孩，也可以轻松上手。史玉柱开发的巨人网游的诱惑之处，在于他抓住了人性的弱点，让人们的好胜心、虚荣心，以及"暴力"欲，在游戏中得以淋漓尽致且不犯法地展现。社交网站的崛起，既源于人们希望摆脱孤单的心理，又契合人们宣泄情绪的需求。

九九归一

人人都有娱乐的需求，与娱乐契合的人性到底有多"万紫千红"？用好大数据，说不定就是九九归一。

"国民岳父"韩寒和"小四"郭敬明这貌似"水火不容"的两个人，他们的作品追求其实在同一频道上。

一个洒脱、随性，爱赛车，爱晒女儿照片；一个严谨、精明，爱名牌，爱晒奢侈品。一个不拘小节，不随波逐流，自称纯正的上海郊区"屌丝"；一个长袖善舞、面面俱到，堪称精致生活的代言人。

就连当事人也觉得没法在一起"玩耍"，这边傲娇地称"与韩寒不是一路人"，那边则语藏机锋："我和郭敬明男女有别。"可是，无论在别人还是他们自己眼中，两人是有多么的路归路、桥归桥，但是两人各自的电影作品《后会无期》和《小时代》，则显示了他们真正在同一个频道上。

无论是满眼精致妆容的俊男美女，主打现代版"金枝欲孽"的《小时代》，还是满屏灰头土脸、不修边幅的邋遢男，主打东方式"公路片"、充斥着莽撞青春气息的《后会无期》，他们的共同之处，就是都抓住了特定受众的心，并因此赚大发了。

郭敬明的精明之处，在于让每一位十几到二十几岁的"小伙伴"们，都能够在《小时代》中的奢华生活中找到"自己"，然后梦想自己能够过上这种生活。在这种高大上生活中，你不用为生活所迫，时刻保持高贵，还能够体验友谊高于一切的理想状态。

《后会无期》的目标人群与郭敬明的受众不一样，韩寒的受众，看起来更有"内涵"，多是"75后""85前"的文艺青年。或许他们的理想被现实撞得头破血流，或许他们迷茫彷徨，却依然保持着那么一些朦胧的、有限的、对艺术的热爱与青春的躁动,偶尔会追寻自己认为正确的人生意义。他们喜欢上"豆瓣",喜欢"在路上"的感觉,喜欢陈绮贞的歌曲《旅行的意义》,喜欢回忆那些生活中错过的女孩……

在《后会无期》中,你可能从冲动鲁莽、青春热血的马浩汉身上,或空有满腹经纶却没有见过世面,即使连连遭遇挫折却依然心境透彻的江河脸上,找到自己的影子,甚至可能你也养有一条长相类似马达加斯加的狗……韩寒的明智之处在于,用苍白简陋的影像,描绘了每个人的青春。无论你是否承认,我们的青春就是这样度过的。

韩寒和郭敬明的电影都有自己的受众。《小时代》反映的是小时代下人性的自我释放,《后会无期》则反映了大时代里人们对青春梦想的追逐和祭奠——你连世界都没观过,哪来什么世界观? 在各种争议声中,两部电影票房像打了鸡血似的疯涨。

因为他们背后有海量的支持者。传统的价值观正在被互联网时代的网络亚文化冲击,其中暗流涌动的是以年轻群体为代表的去中心化、反传统、反权威、反说教,追求个性、张扬自我,他们渴望看到风格更加多样,表达更加淋漓酣畅的娱乐方式。

如何利用大数据

我们需要将大数据技术转化为商业财富,将大数据资源落地为大数据资产,即把大数据当作构建商业大厦的根基,而实现转化的所有桥梁是有价值的数据。数据多,不表示就是大数据。企业煞费苦心收集到的数据,并不一定有价值。握有单个数据,即使是对单个数据的连续追踪,或许只是盲人摸到的那只大象的一条腿。但是,如果将众多数据放在一起,进行排列组合,挖掘数据相互之间的关系,说不定"拼拼凑凑"就能"凑"成一只大象。大数据的价值,也许就藏匿于数据与数据之间的关系中。

数据关系处理,还可能会给你的人际关系带来"震撼"。

2012 年 3 月,腾讯推出的"QQ 圈子",是一个十足的社交潘多拉魔盒。它将用户在"好友栏"中、群里、微博听众等所有的关系数据整合在一起，通过共同好友的连锁反应，为用户摊开人际关系网，帮助用户连线找到更多的社交关系。你拥有多少社交关系，大数据比你自己了解得更清楚。

如果要利用大数据建立关联度，就要好好利用大数据，洞察娱乐营销利用人性的两个原则：

戳中消费者的兴趣点。消费者已经对"老王卖瓜"的甜腻腻味了，即使产品局部优势再突出，消费者可能也不买账，因为选择太多，雷同的广告已让他们患上了"选择困难症"。相反，如果能精准找到消费者的兴趣点，如果你和消费者之间有知音般的碰撞，那么你俞伯牙卖的琴，他钟子期自然会买了。

2015 年，沉寂了 10 年的蒙牛超级女声再次复苏，如何用超女这个老 IP 瓶装新酒？大数据通过"悬丝诊脉"，将蒙牛超女的粉丝与体育粉丝存在重合，于是看起来风马牛不相及的超女与体育"邂逅"了，擦出了超女与西甲跨界合作的火花。效果也很喜人，超女新闻发布会后蒙牛酸酸乳一度脱销。

学会适度的不完美。追求极致的工匠精神值得推崇，但如果商家信誓旦旦地宣称自己的产品有 360 度无死角的完美，那么消费者可能会觉得你无视他们雪亮的眼睛。对于怀疑精神日益提高的消费者来说，虽然商家说得天花乱坠，但若产品的某个缺点被放大，那么"自己扇自己耳光"的过度营销会造成适得其反的效果。如果适度承认自己不那么完美，反而会让消费者更能感受到企业的诚意。

大数据时代再风云变幻，但万变不离其宗，商家需要坚持娱乐营销的常识——良禽择良木，再精巧、再不动声色的娱乐营销，如果其传播的载体逆势而行、粗制滥造，那么抓到的注定就是一手烂牌，再怎么打，也会因为被载体所累而使品牌受到影响。如果娱乐是良心作，娱乐营销的产品或服务又是极好的，那么消费者与品牌共乘的"小船"就会顺风又顺水。

/ 第八章 /

娱乐营销，未来靠什么赢？

一切行业都有娱乐元素

迪士尼"玩"成了全球闻名的跨国娱乐"大咖",麦当劳"玩"成了地球人都知道的全球餐饮巨头,淘宝"玩"成了电子商务的翘楚。你看的、听的、说的、吃的、用的,没有谁、没有哪个行业,可以理直气壮地说自己是"零娱乐"。

相反,娱乐渗透式入侵的脚步从未停止,娱乐的"小伙伴"遍天下,娱乐的身影无处不在。

无须怀疑,人们对娱乐的热爱,使其正在以一种你我难以想象的速度向前发展。未来,一切行业都会有娱乐的元素。

不快乐故娱乐

周星驰电影《大话西游》告诉我们:"不开心,就算长生不老也没用;开心,就算只能活几天也足够!"然而一些人即便是物质生活富足,可精神生活却很空虚。

每天面对重复的工作内容,单调的生活节奏,再夹杂些压力与负面情绪,快乐并不是常有的状态。正因为如此,娱乐营销才变得"有机可乘","有利可图",使不快乐的人们愿意花钱找乐。

"这是一个用户体验至上的时代",美国商业演说家麦克凯恩在其著作《商业秀》中一语道破天机。所有行业生产的不再只是产品,而是在演一出舞台剧,在做一个感情丰富的"秀"。你向用户销售的,是让他们快乐的生活方式。"好玩有趣"是决定顾客购买体验的主要原因。

迪士尼就宣称,自己向消费者售卖的是快乐。可是这"快乐"要怎么卖,才会有源源不断的粉丝愿意买?

先说迪士尼动画。米老鼠快 90 岁了，至今仍在迪士尼最新动画《米奇妙妙屋》里，和米妮、唐老鸭、黛丝等一大群好朋友大玩数学逻辑游戏。白雪公主和七个小矮人本来是老掉牙的童话故事，可当白雪公主出现在深受小朋友欢迎的动画片《小公主苏菲亚》中，娱乐效果就完全不同了。

让我们再来看看迪士尼乐园，它为用户凭空架设了一个童话世界。在这个世界里，各种活动老少皆宜，有吃、有喝、有玩，就是没烦恼。无论是大型娱乐项目，还是游行表演，就连餐饮住宿和购物，迪士尼为用户提供的都是"骨灰级"的极致体验。比如上海迪士尼乐园，在其内部的迪士尼小镇上演了百老汇的热门音乐剧《狮子王》，而且是非常贴心的普通话版，这在全球是首次。

迪士尼图书、玩具、文具、服装、日用品，种类繁多，五花八门。到商场和超市走一圈，你似乎处处都能看到带有迪士尼标识的商品。小到一支圆珠笔，都极有可能在上面找到米老鼠头像。

迪士尼的确是个善于推陈出新的全面手，经典的老牌卡通人物把新故事演绎出新奇而有趣的用户体验。同时运用童话造梦的方式，梦幻般地在新领域里掘金。仔细看看身边的事物，以迪士尼为主题的娱乐，渗透到了很多行业，尤其是儿童商品。似乎父母想要为孩子购买的一切东西，都可以看到迪士尼的影子。迪士尼的品牌价值在 300 亿元左右，便不足为怪了。

各行各业都可以"迪士尼"，各行各业都可以很娱乐。不快乐便没有理由存在，迪士尼这种贩卖快乐的娱乐营销模式，也被全球很多企业借鉴。

科技不够，娱乐"来凑"

科技在不断发展和进步，但总有科技不能企及的新高度。所以才有了科技不够，娱乐"来凑"。

　　人们在技术方面的要求是硬性的,稍有不慎便会有差之毫厘,失之千里的后果。娱乐却不同,它多姿多彩,可以千变万化。

　　就拿苹果手机来说。技术虽然是前卫的,但仅凭技术,很多目标依旧无法实现,但可以依靠技术来实现娱乐功能。使用苹果手机不能让你美容养颜,但是苹果商店里会向你推荐美图软件。下载个美图秀秀,人瞬间变好看了许多,用户玩得超开心!

　　形象点说,技术提供的是支持。如同搭了一座舞台,演什么节目,完全由娱乐决定。这座舞台华丽最好,可如果稍显简陋,若节目精彩,依旧受欢迎。

　　不过需要注意的是,技术必须是属于大众的,而非小众的。必须能够达到大众普及的效果,而非只是小范围使用而已。只有大众都会用,才会在娱乐方面分化出许多精细的小众娱乐,进而把用户体验做好。或者说技术是客观的,娱乐却是可以人为实现的,靠人的力量和创意,能够实现娱乐价值最大化。

　　拍《功夫熊猫》的美国梦工厂电影工作室,推出过很多高票房影片。应该说它的团队从不缺乏娱乐创意。靠着娱乐创意,梦工厂非常喜欢与强大的电影巨头们合作,以获得资金、技术、发行渠道等多方面的支持。与梦工厂合作过的电影公司都是如 20 世纪福克斯、环球工作室、哥伦比亚电影公司等资本雄厚的大公司,而梦工厂更是拿着自己的电影《变形金刚 2》,牵手迪士尼。由此,梦工厂的电影发行和推广都由迪士尼负责。梦工厂以无限创意令迪士尼影片发行量猛增,而迪士尼则向梦工厂预支了 3.25 亿美元,以保证其影片制作的顺利进行。

　　在娱乐创意面前,技术局限性不是问题,连资金缺失也有解决的办法。只要把娱乐玩好,带着大众好好玩,风投愿意为创意买单的事情比比皆是。

　　一切行业皆如此。

唯娱乐创造顶级"大神"

移动互联网时代，一个个"大神"被新媒体催生并推动着发展。

"范爷"范冰冰就是其中的佼佼者。起初，"范爷"这个称号只是小女生对范冰冰的爱称。随后被其经纪公司看中，于是借着范冰冰拍《时尚先生》杂志封面的男装扮相，把"范爷"之称大肆推广。加之范冰冰特立独行的性格，十足的女王范儿，"范爷"这一称号就这样被大众化，遂成为范冰冰的代名词。

不只是明星，企业在打造自己的品牌时，企业大佬也争相出来为其代言、站台。最典型的就是格力电器公司董事长董明珠。

优雅高贵的外形，极高的媒体曝光率，董明珠的知名度甚至比格力电器更大。2004年，董明珠被评为全国十大营销人物之一，足见其在娱乐营销方面的高明。董明珠自己为格力代言已经不再新鲜。她在央视上与小米董事长雷军豪赌10亿，从而击败了雷军"五年内营业额如果超不过格力，就输董明珠一块钱"的弱势宣言。更在2016年的第二届中国制造高峰论坛上，怒摔格力手机，同时还敢放狠话：格力手机质量世界第一。

如此豪放派作风，虽然有董明珠强烈的个人色彩，但在公众看来，极具娱乐效应。只要有可能，她就会为自己的品牌出力，堪称史上最尽职尽责的代言人。在众多企业大佬中，董明珠被视为最会做营销的人。董明珠娱乐化的走红，使之背后的品牌格力电器跟着受益。

这也让更多人看到了娱乐的力量。娱乐可以把一个人捧红，把一个品牌捧红，乃至把一个行业捧红。想要把营销做好，各行各业商品都势必要包含娱乐元素。这样，消费者才会注意到你，进而认可你，购买你的商品，分享你的品牌，并成为你长久的忠实粉丝。

自媒体的江湖，英雄不论出身，只要有趣有新意，有资源有优势，谁都可以在舞台上亮几下身手。不过，精英比草根更具备竞争力，凭着之前良好的粉丝和经济基础，顺着网红的天梯巧登攀，常可寻捷径一步登天。

精英 PK 草根

2016 年 7 月，有"短视频女王"封号的最牛网红 papi 酱，在优酷、百度、斗鱼等 8 个直播平台推出自己的首次直播。"首秀"效果用火爆来形容一点不为过。8 个平台 90 分钟，同时在线观看的人数峰值达到了 2000 万，累计观看的人数接近 7500 万，点赞超过 1 亿。

大数据时代，红与不红，数据说话。papi 酱创造出数据足以证明，她能玩转大众传播。赢关注，获点赞，低成本创意亮相，高收益回报。

网红获得的娱乐营销效应，看似简单，要达到好的效果却并不容易，其中深意在于内容。

内容为上！不管你是谁，只有提供有趣有看点的内容，用户才会买账。

站在传统意义上的明星的角度，对于草根网红，他们不只是眼红，更多是不服气。我们花长时间组建团队、策划，选择媒体渠道，开营销会，做推广，才有可能创造大众争相追捧的品牌效应。可是草根网红的一个视频，一个创意，一个段子，把这一切都打碎了。

形式和流程是浮云，创意是根本，不少有悟性的精英已经意识到了这一点。比起空手套白狼的草根，精英有更多扎实的资源。与其把资源闲置，不如想想办法将其利用起来，掀起一波升级版精英网红热潮。

"时尚女帝"刘涛就玩得风生水起。《欢乐颂》发布当天，刘涛就直播了台前台后实况。连"华妃"蒋欣和"靖王"王凯，也被拉入刘涛的直播节目。屏幕上，几位当红明星玩得很开心；屏幕前，观众讨论话题无数。《欢乐颂》的营销，就这样非常娱乐地大踏步前进。

直播之后，刘涛乘势而上，再次开起了视频。此次更是直入主题"卖衣服"。刘涛把在《欢乐颂》里饰演的角色安迪穿的衣服，在视频直播上拿出来卖。同时，她还亲授服装穿搭和妆容技巧，令"涛迷"大赞"时尚女帝"名不虚传。

你以为这就完了？为进一步强化娱乐营销效果，刘涛更是剧透了一番自己参演的《欢乐颂 2》和《琅琊榜 2》的拍摄情况。

大火的影视剧、圈中好友、自身名气，一切都是资源，都可以恰到好处地应用于娱乐营销。这是智慧，是明星网红的独到亮点。因而，40 分钟的直播，引来百万人围观也是可以预见的。

除了刘涛，诸如小 S、王思聪、王宝强、杨颖等明星都在玩直播。曝光率提高了，还可以通过评论和网友积极互动。明星品牌与消费者之间的距离被倏然拉近。彼此之间就隔着一块屏幕，连着一根网线，这样的营销效果是以往任何时候都难以达到的。

戴印度红头巾做直播的王宝强，还未开播，专属直播间就涌入将近 76 万人，并最终凭借自身知名度收获了 500 万的直播记录。杨颖则在手机淘宝微淘平台售卖美宝莲唇露。2 小时视频直播时间里，观看人数达 500 万，产品卖出 1 万支，美宝莲销售额达 140 多万。

周杰伦也是直播界的翘楚。他 2015 年为游戏英雄联盟做直播，创下了 1700 万人的观看记录。

除了明星偏爱做直播，科技界、地产界的企业大佬们也钟情于视频直播：雷军在视频上首次发布小米无人机；大连万达集团董事长王健林参加《鲁豫有约》，在拍摄过程中做起了直播;360董事长周鸿祎做生活中的直播,评论其他企业"大咖"和公司行为,并呼吁直播得养成习惯……直播搅动了企业界的"一池春水"。

直播的娱乐营销路线,不仅花钱少,还可以和粉丝频繁互动,传播效果显而易见。与草根网红相比,无论是明星还是企业大佬,都已经拥有高人气,还有幕后团队的鼎力支持,他们已经赢在起跑线上了。

尝到、看到、意识到视频直播"甜头"的精英,作为后起之秀在直播界已势如破竹,草根网红仍需努力。

微信之后

微博时代,当红明星一条微博,经过粉丝的点赞、评论、转发,常能引起不小的轰动。企业利用微博做活动,鼓励消费者参与互动——转发微博赢奖品,晒图赢优惠券,官微和实体店线上线下有机结合。消费者参与度高,玩得开心,以玩乐带动消费。

目前,微博注册人数已达6亿,这6亿人都是互联网的资深高端用户。每天登录微博的人数已超过4000万。他们对新事物有强烈的好奇心,求知欲旺盛,喜欢参与,学习能力强。这部分人注重用户体验,购买力也非常强大。

在微信到来之前,微博是娱乐营销的主要阵地。草根网红、意见领袖、明星、名人、企业大佬,都相继在微博上"开疆辟壤"。他们以其强大的号召力,获得微博粉丝无数。鹿晗就是在微博大数据时代崛起的微博达人。

当微信到来之时,微博营销在某种程度上被微信更新了。看起来,微信更具有优势。手机通讯录、QQ号码上的好友,能被导入微信,还可以通过"附近的人"、"面对面"等功能加好友。二维码扫一扫,加好友、加群、找东西、付款,各种方便。

微信带来的是广泛的传播受众。

一个人，一部手机，就是一个媒体。你通过微信在朋友圈分享信息，被转载了再转载，这都是"病毒式"传播。在微信群里传播信息，通过微信公众号发布信息，微信上的一篇热文阅读量达到 10 万、100 万以上也是寻常事。微信的另一强大优势，就是互动性更强，反馈信息更真实、全面。

明星、企业大佬，已经很具前瞻性地意识到微信营销的财富潜力，开始将娱乐与微信结合，通过微信营销，获得最佳娱乐效应，稳稳当当、快快乐乐赚钱。陈坤在微信上通过付费会员制，一天豪赚 700 万，让很多初试微信营销的企业分外眼红。

陈坤实行的是微信上的会员付费制。只需要每月缴纳 18 元，就可以享受陈坤微信平台上的包月服务；缴纳 168 元，享受包年服务。缴纳费用以后，在该平台上能听陈坤的音乐，看他的写真和书，更可以获得和陈坤直接交流的机会。

以陈坤的高人气，拥有 100 万以上的粉丝不在话下。试想这些粉丝哪怕只有 1% 的人愿意缴纳会员费 168 元，年收入就在 168 万以上。当然，这只是保守估算。

无独有偶。著名作家张德芬，也利用微信公众号做营销，分享心灵美文，提供在线微课，还售卖诸如硅藻记忆棉枕、香氛灯等有质感的商品。很特别的是，张德芬还在微信上开展社群狂欢节活动。读者支付 4208 元至 9285 元的价格，就可以登上蓝宝石公主号邮轮，与张德芬、曹启泰、朱哲琴、吴晓波等人同船巡游，购买该项活动的用户在游玩的同时，还增长了知识。

这就是社群经济。越来越多的人在拉微信群，尝试着各种营销、变现方式，并且取得了不错的效果。

这不禁让人浮想联翩，微博之后，微信来了，那么微信之后是什么？

我们有理由相信，脑洞大开的人类，凭借技术优势，必定会为我们带来更好更强的平台。

在这个未来的平台，每个人都享有平等传播的权利。在这个平台上，以人气取胜，以数据说话，这是"互联网＋"发展的必然趋势。

未来，改变社会的可能就是一部剧

韩剧《太阳的后裔》热播时，关于该剧的讨论，微博、微信上铺天盖地。《太阳的后裔》官微讨论数有 1000 万之多，相关内容的微信公众号点击量也异常火爆。宋仲基交友秘籍，如何虏获女朋友芳心等话题，引起众多剧迷围观讨论。

很多"迷妹"在姐妹聚会、微信群里，讨论居多的就是仲基"欧巴"有多帅。微信头像、微信朋友圈，随处可见影迷分享的《太阳的后裔》美图。

电视剧有"毒"

现象级电视剧很恐怖，一旦它渗透进人们生活的方方面面，就意味着大众已"中毒"，再也理智不起来了。当姑娘们以《太阳的后裔》中宋仲基的标准来描绘勾勒自己未来老公的模样时，那就"完"了——她们在电视剧的海洋中已无法自拔。当你甚至把微信头像换成了剧中图片，同时大肆张罗购买与该剧有关的商品，更是"完"了——你兜里的钱也多数保不住了。

曾经，琼瑶剧也让人们"中毒"很深。尽管你知道《还珠格格》里小燕子那样的"浑不吝"，在现实生活中可能早被"皇上""砍头"了；也很清楚《一帘幽梦》里，像费云帆那样默默付出、不计回报的爱情"圣人"，在现实生活中很少存在。但很多人就是想把自己沉浸在理想状态们电视剧中，因为短暂的脱离现实能令心情愉悦很多。

《甄嬛传》里的甄嬛体被人们升级出无限多改良版本，台词"臣妾做不到啊"家喻户晓；《花千骨》令玄幻风"热"到极致，以糖宝（剧中角色）为原型的各种玩具周边,在地摊和街边玩具店都随处可见。《琅琊榜》《欢乐颂》《好先生》《山海经之赤影传说》……一部部令人印象深刻的电视剧,都有人深中其毒。

随着剧情深入,你不知不觉就深陷其中。每天追看电视剧成了生活的一部分。《好先生》里的路远,像是老朋友一般,《花千骨》里的小骨,让你好生同情。人物的命运实在虐心,随着剧情的跌宕起伏,中"毒"的观众内心也跟着七上八下。

当电视剧演完了,观众终于为剧中人物松了口气,可是"毒"已入骨髓的剧迷们,则顿觉内心空落无助,这种感觉实在糟糕。于是有人"移情别恋"般地再挖掘观看新剧,一部接一部。

很难想象,没有电视剧的日子,守候在家中的妈妈和奶奶们要怎么度日如年?热爱抗战题材剧集的退休爸爸,要怎么平稳对抗退休综合征?连放假在家的小学生们,没有电视剧,恐怕假期生活也有很大一部分空白。

电视剧在改变着我们的生活。未来,它势必将改变全社会。

"病毒式"营销

一部电视剧,为什么能在短时间内受到那么多人追捧?除了内容吸引人外,还有个很重要的营销方式,就是"病毒式"营销。

"病毒式"营销,其核心主要是利用人际传播扩散信息。电视剧的名字、剧情、演员情况等,像病毒一样在人群中迅速扩散。昨天你还不知道《太阳的后裔》是什么,今早打开朋友圈,便看到了有人高喊着"宋仲基欧巴",发布了图片。上班走进办公室,同事谈论的是这部剧的最新进展,你不知道就显得实在有点"不合群"了。还好有万能的百度和拥有海量视频的视频网站,就能不落伍。

电视剧这种"毒",最厉害的地方,不只是能让一个人中"毒"颇深,而是通过电视、报纸、杂志、微博、微信、视频等众多媒体,让大众都中"毒"。很多人就算明知自已已经被"毒"得无可救药,还是加入了"病毒式"传播的队伍,为剧透贡献一己之力。

电视剧的"病毒式"营销最难能可贵的地方就在于全民参与,全媒体参与。演员、导演、制片方对于电视剧的推广,与大众的口口相传比起来,也只是皮毛,最多起到了带头示范作用。娱乐营销则很大程度上是强心剂,帮助大众找到传播的兴趣点。让大众传播不费劲,轻而易举就能把电视剧的"毒"扩散出去。

电视剧的内容有"毒",营销方式也是"病毒式"的。由于电视剧播放时间较长,对人们的影响最为深远。从早前的《渴望》,到今天的《欢乐颂》《好先生》,从《射雕英雄传》到《花千骨》《琅琊榜》。在整个娱乐领域,电视剧无疑是大众的最爱。移动互联网的发展,更让电视剧的"病毒式"传播取得了前所未有的深度覆盖。

娱乐联手科技,谁是敌手?

在没有互联网的时代,似乎娱乐和科技能"碰面"的机会很少,然而当互联网成为人们生活的重要组成部分时,娱乐和科技开始"牵手"。

不牵则已,一牵惊人!这双牵起来的手放在江湖,号称"独孤求败",天下无敌,而且其手法变幻莫测。没人打得过,也没人敢与之较量。

著名女装电商品牌茵曼,就做了一次娱乐和科技的无敌联手,而且非常成功。茵曼把以"向日出 say hi"为主题的女装发布会,搬到了移动互联网上。电脑端和手机端都可以登录天猫或者是微信,同茵曼一起看"日出"。

天猫被称为目前中国最大的电商网站之一,而微信则是用户量最大的手机社交平台。茵曼与这两大平台合作,将前卫的云技术应用到时尚秀场。用户在云端能看到关于服装的所有细节,360 度无死角。用户在看到茵曼展现的新款女装的同时，还能参与互动，领到优惠券，用手机给模特拍照，边看边买。

互联网就是有这样的优势，粉丝不用专门买机票赶赴时装发布会现场，利用移动互联网技术，观看服装秀、选衣服、买衣服，全都可以搞定。如此省时省力，让消费者热爱到甚至能无视服装价格，觉得"方便好玩"就是划算。

为了把这次科技范儿十足的女装发布会办好，茵曼仅在拍摄方面就用了上百台机器。服装的方方面面，用360度的高清实景拍摄，然后加以电脑CG三维合成技术，参与发布会运作的工作人员也是上百人的大团队。仅仅4分钟的视频短片，是从精华素材的500分钟剪辑而来，可谓精挑细选。

传统电商最擅长使用的营销手段是减价打折大甩卖。坦率地说，商家赚到薄利未必多销，有些商家甚至是赔本赚流量。商家赚得少，快递等花费就要摊在消费者头上。于是便出现了诸如"双十一"快递成慢递，以及出现假货等问题。

茵曼就很具有洞察力，没有用"打折"这样的过期营销模式，而是选择娱乐与科技联手，充满创造性地让科技来展现自己的时尚女装魅力。茵曼的女装，文青范儿十足。当茵曼的云端发布会推出时，广大文青群体势必开始点赞，流量和销售额升上去了，品牌形象也变得更加鲜明。

今天的技术已经变得相当生活化。做技术的人，多不再"猫"在研究所里，只管专心做科研。相反，充满娱乐色彩的是，台前幕后活跃的企业家，很多都是技术出身。娱乐和科技的关系，已经演绎成"两情相悦"。

以技术为强大支撑的百度，就经常与娱乐联手。2014世界杯期间，百度就推出了"刷脸吃饭"的娱乐活动。你不是平时经常爱自拍吗？世界杯期间，用手机百度给自己来张自拍，系统就会给你的照片打分。最令自拍迷紧张的是，这分数关系到百度送你多少金额的优惠券。有了这些优惠券，你在百度外卖上订餐可以得到等额优惠。

于是有网友惊呼："这完全是靠脸来吃饭啊！"

你自拍出来的颜值高不高，百度有专门的人脸和图像识别技术。百度外卖借着世界杯的机会，利用"刷脸吃饭"将娱乐营销到了极致。

世界杯期间，总是有很多人为了看足球，懒得做饭和到外面吃饭，订外卖成为用户最大的需求。百度充分利用"自拍""世界杯"这两大娱乐因素，推出如此强大的娱乐营销攻势，轻松赢得了用户的心。

仔细探究起来，科技的源头事实上是娱乐。即人们为了享受快乐，想尽办法创造发明出各种技术，让生活变得更加多姿多彩。作为第一生产力，科技具有强大的颠覆性。

在娱乐面前，科技甩开了艰涩难懂的术语和运算方程式，只集中力量告诉人们怎么用科技才最好玩，最有趣。娱乐的趣味性和科技的便捷性得以相通。

所以，我们可以很确定地说，未来娱乐和科技将会无限次联手，甚至合体。

把两者放在一起，带来的最直接效果就是大众的广泛接受和热爱，进而形成迷恋般的狂热。

这是所有营销追求的极致体验。

致　谢

　　写这一本书花了两年,从策划到最后成稿,前后一共花了近三年的时间,以至于很多案例看上去有点老旧,直到定稿前,笔者还在不停地更新案例。面对信息量巨大的世界,想要记下来的案例和观点太多,限于篇幅和内容,笔者只能先把观点陈述到这里为止了,可能更多更深的想法会在下一本书里出现。对于一个平均每年飞行80000公里、跑步2000公里的人来说,思考和写作只不过是另一种漫长寂寞的修行,享受过程就好。

　　写书的三年也是笔者创业的三年,风风雨雨,想要感谢的人太多;人生走走停停,也总有那些有心的朋友始终陪伴。这本书得以顺利出版,要感谢的人很多。首先要感谢家人的支持,感谢公司的同事们提供精彩的案例故事;其次,也感谢吴晓波老师、刘东华老师、毛大庆老师的推荐,感谢张力、李红山、王征宇、杨成、王军、王晓、卢艳峰、马翠等朋友对本书的帮助;最后,感谢每一位读者朋友,你们的支持是笔者持续写作的最大动力。

图书在版编目（CIP）数据

娱乐化营销:移动互联网时代的营销新法则 / 来罡
著. —杭州：浙江大学出版社，2017.9
ISBN 978-7-308-17223-3

Ⅰ.①娱… Ⅱ.①来… Ⅲ.①网络营销 Ⅳ.
①F713.365.2

中国版本图书馆 CIP 数据核字（2017）第 186173 号

娱乐化营销:移动互联网时代的营销新法则

来 罡 著

责任编辑	卢 川	
责任校对	仲亚萍 汪 潇	
出版发行	浙江大学出版社	
	（杭州市天目山路 148 号 邮政编码 310007）	
	（网址：http://www.zjupress.com）	
排 版	杭州中大图文设计有限公司	
印 刷	杭州钱江彩色印务有限公司	
开 本	710mm×960mm 1/16	
印 张	12.5	
字 数	161 千	
版 印 次	2017 年 9 月第 1 版 2017 年 9 月第 1 次印刷	
书 号	ISBN 978-7-308-17223-3	
定 价	39.00 元	